Meike Rieckmann-Berkenbrock

Die Kirche ist nur Kirche, wenn sie für andere da ist

Meike Rieckmann-Berkenbrock

Die Kirche ist nur Kirche, wenn sie für andere da ist

Ekklesiologie Dietrich Bonhoeffers

Fromm Verlag

Imprint

Publisher:
Fromm Verlag
is a trademark of
International Book Market Service Ltd., member of OmniScriptum Publishing Group
17 Meldrum Street, Beau Bassin 71504, Mauritius

Printed at: see last page
ISBN: 978-613-8-35716-2

VORWORT 2
EINLEITUNG 3
VORBEMERKUNGEN ZUR EKKLESIOLOGIE 5
A Biographische Einordnung 6
B: Spirituelles Nachdenken 12
C Historische Zwischenbemerkung 17
D Bekennende Kirche und Deutsche Christen 19
E Christologie und Ekklesiologie: 21
WAS IST KIRCHE? 25
A Seelsorge 32
B Schuld 34
C Ausblick 37
D Fazit: 39
E Erinnerungsgeschichte 40
LITERATUR 44

Vorwort

Warum stellte sich für Dietrich Bonhoeffer die Frage nach einer lebendigen Kirche? Weil hier Christus und Gemeinde in besonderer Weise verbunden sind. Und warum stellt sich diese Frage noch heute für Christinnen und Christen, nachdem es sich doch gezeigt hat, dass diese Institution während des Nazi-Regimes versagt hatte?

Hier greifen unterschiedliche Bereiche ineinander, die sich für die Gläubigen heutzutage trotzdem fruchtbar nachvollziehen lassen, wenn man die „heimlichen, alltäglichen oder gar öffentlichen Reaktionen von einzelnen Christinnen und Christen, von Ortsgemeinden oder Kirchenleitungen auf die offenkundige Existenz solcher Lager und auf die Nachrichten, die man von ihnen hatte“[1] betrachtet. Bleibt man außerdem in diesem herausfordernden Themenfeld bei einem Widerstandskämpfer, der weltweit Bekanntheit erlangt hat, kann ein roter Faden durch ganz unterschiedliche Aspekte erhalten bleiben.

Aber: „Bedroht ist die Kirche durch *sich selbst* – entweder so, dass sie sich *zurückzieht* vor der Welt auf einen Innenraum, in dem ein sakraler Selbstzweck gepflegt wird, oder so, dass sie sich der sie umgebenden Welt *anpasst* und sich ihr preisgibt.“[2]

---

[1] Tim Lorentzen, Kirche und Konzentrationslager, in: Mitteilungen zu kirchlichen Zeitgeschichte 6 (2012), 197-220, 200.

[2] Eberhard Busch, Die Barmer Thesen, 1934-2004, Göttingen 2004, 51. (Kursiv im Original enthalten)

Einleitung

Dietrich Bonhoeffer ist über die ganzen letzten Jahrzehnte aktuell geblieben. Zeitweilig bekannt als politischer Widerstandskämpfer, erhören sich heute, seit es umfassende und übergreifende Forschungen über diesen Widerstandskämpfer und Theologen gibt, die Bestrebungen, eine Spiritualität durch seine Schriften zu verstehen und zu erfahren.

Durch seine umfassenden und zahlreichen Schriften liegt ein großer Bestand vor, der sowohl für eine Spiritualität als auch für eine systematische Betrachtung einzelner politischer Themen Räume eröffnet. In Zeiten großer gesellschaftlicher Verunsicherung und einer umfassenden kritischen Haltung der Kirche gegenüber scheibt es besonders reizvoll zu sein, Dietrich Bonhoeffers religiösen Spuren zu folgen, um sein Kirchenverständnis und seine historische Einbettung besser zu verstehen. Seine Schriften, die sich auf einem hohen theologischen Niveau bewegen, sind oftmals schwer zu fassen. Und doch scheint auf den geschriebenen Seiten, die vor allem durch Eberhard Bethges unerlässliche Bemühungen erhalten und zugänglich geblieben sind, eine echte innige Liebe zu Gott und ein tiefgehendes Verständnis von Spiritualität zu liegen, welches sich für den Alltag vieler Gläubiger und für die Arbeit innerhalb der Kirche und in der Gemeinde als großer Schatz erweisen kann.

Dietrich Bonhoeffer hat es in seiner Ethik so formuliert:
„Wir fragen: Ist es richtig, dass es Aufgabe der Kirche ist, der Welt heute Lösungen für ihre Fragen anzubieten? Gibt es überhaupt christliche Lösungen für weltliche Probleme? Es kommt offenbar darauf an, was gemeint ist: meint man, daß das Christentum für alle sozialen, politischen Fragen der Welt eine Antwort hätte, so daß man nur auf diese christlichen Antworten zu hören hätte, um die Welt in Ordnung zu bringen, so ist das offenbar ein Irrtum. Meint man, daß es vom Christentum her zu den weltlichen Dingen etwas Bestimmtes zu sagen gibt, so ist das richtig.“[3]

Diese zutiefst christliche Antwort wünschen sich viele Menschen für ihr Leben. Wirft man einen Blick in Bonhoeffers Schriften, findet man Gedanken und Anregungen. Wo zuvor

---

[3] DBW 6, Ethik, 355.

kleinschrittige Untersuchungen die theologischen von den soziologischen oder den juristischen Aspekten getrennt haben, kann eine Betrachtung einzelner Abschnitte einen großen Zusammenhang herstellen. Diese Zusammenstellung ermöglicht eine spontane und direkte Auseinandersetzung mit Kirche und Theologie, ohne in eine Theorie der Kirche abzudriften. „Die empirische Kirche ist Voraussetzung der Theologie. Kirche bleibt aber auch Gegenstand der Theologie. Als solcher ist er als erstes Lehrstück der Dogmatik zu behandeln.“[4]

Neben den historischen Abhandlungen finden sich weitere Texte. Ein Hauptansatz kann überdies sein, poetische Verse aus den Schriften Bonhoeffers zugänglich zu machen. So gibt es Verse von Bonhoeffer, die einen ansprechen und die man gut hersagen kann, wenn man am Tag bzw. am Abend innehält und zur Ruhe im Gebet kommen möchte:

Gott, zu dir rufe ich (...)
Hilf mir beten und meine Gedanken sammeln zu dir,
ich kann es nicht allein.
In mir ist es finster, aber bei dir ist Licht;[5]

[4] Das Wesen der Kirche, Vorlesung von 1932, 239. Vgl außerdem Wolfgang Huber, Wahrheit und Existenzform. Anregungen zu einer Theorie der Kirche bei Dietrich Bonhoeffer, in: Ernst Feil und Ilse Tödt, Konsequenzen. Dietrich Bonhoeffers Kirchenverständnis heute, München 1980.
[5] DBW 8, 204ff.

Vorbemerkungen zur Ekklesiologie

Die religiöse Spurensuche für das heutige Gemeindeleben besinnt sich hier auf ein Nachdenken über die Ekklesiologie bei Dietrich Bonhoeffer. Bonheoffer selbst wandte sich bereits mit seiner Dissertation dem Thema „Kirche" zu.[6] Er schuf ein Konzept, welches sich auf die konkrete Vermittlung vom Wort Gottes stützte. Nur in der existierenden Gemeinde ist die konkrete Vermittlung zusammen mit der Gemeinschaft denkbar. Hierbei macht Bonhoeffer sehr deutlich, dass der „Wahrheitscharakter von der Existenzform dieser Kirche ab(hängt). Ihre Existenzform aber heißt Nachfolge und nicht Volksnähe oder Volksverbundenheit."[7] Insgesamt fällt auf, dass Bonhoeffer die Kirche als Grundform sozialen Lebens schlechthin deutet. „Die Kirche ist der *neue* Wille Gottes mit den Menschen. Das Verständnis der Kirche ist deshalb konsequent vom Christusgeschehen her zu entwerfen; daß die Kirche Leib Christi sei, ist für Bonhoeffer eine fundamentale ekklesiologische Bestimmung."[8]

Und in der Bekennenden Kirche hieß es: „die Kirche ist nicht durch sich selbst begründet. Sie hat auch nicht durch sich selbst Bestand. Sie ist durch Jesus Christus begründet."[9]

---

[6] DBW 1, Sanctorum Communio.
[7] DBW 1, Sanctorum Communio, 166.
[8] Wolfgang Huber, Wahrheit und Existenzform, 92.
[9] Eberhard Busch, Die Barmer Thesen, 55.

A Biographische Einordnung

Die Biographie Bonheoffers soll nicht nur als Nebensache in der Lebensbetrachtung verstanden werden. Schließlich sind Lebenswege, die auch verschlungen und vertrackt sein können, hilfreich, um solch eine Ekklesiologie, also die Lehre der Kirche, besser verstehen und auch erklären zu können. Schaut man sich die zahlreichen Biographien an, die auf dem Buchmarkt über Jahre und Jahrzehnte erschienen sind, wird deutlich, wie groß das Interesse an dem Menschen und an dem Theologen Bonhoeffer ist. Meines Erachtens sind aber ganz unterschiedliche Daten und Gesichtspunkte relevant.[10]

Geboren am 4. Februar 1906 in Breslau wuchs Dietrich Bonhoeffer mit seiner Zwillingsschwester in einer Akademikerfamilie auf. Sein Vater war Neurologe in Berlin und hatte einen Lehrstuhl an der Universität. „Am Februar 1906 erblickte ich mit meiner Zwillingsschwester zum erstenmal in Breslau das Licht der Welt als Sohn des damaligen Universitätsprofessors Alter Herr Karl Bonhoeffer und meiner Mutter, geb. von Hase. Mit 6 Jahren verließ ich Schlesien, und wir zogen nach Berlin, wo ich in das Friedrich-Werdersche Gymnasium eintrat. Durch unseren Umzug in den Grunewald kam ich in die dortige Schule, wo ich Ostern 1923 das Abitur bestand. Schon seit meinem 13. Lebensjahr war mir mein späteres Studium der Theologie klar. Nur die Musik machte mich in den letzten zwei Jahren noch schwankend. Mein erstes Semester studierte ich hier in Tübingen, wo ich dann auch den üblichen Schritt jedes Altherrensohnes unternahm und Igel wurde.“[11]

Auch seine Mutter hatte studiert und das Examen für Lehrerinnen abgelegt. Dies war seit einigen Jahren in Berlin, aber auch in anderen Städten möglich, aber trotzdem war es den Großeltern mütterlicherseits als unpassend bzw. unschicklich erschienen sein.

---

[10] Lesenswert sind: Klein, Andreas / Geist, Matthias (Hg.), „Bonheoffer weiterdenken...“, Zur theologischen Relevanz Dietrich Bonheoffers (1906-1945) für die Gegenwart. Theologie, Forschung und Wissenschaft 21, Wien u.a. 2007; Hermle, Siegfried / Pöpping, Dagmar (Hg), Zwischen Verklärung und Verurteilung. Phasen der Rezeption des evangelischen Widerstandes gegen den Nationalsozialismus nach 1945, in: Arbeiten zur Kirchlichen Zeitgeschichte. Hg im Auftrag der Evangelischen Arbeitsgemeinschaft für Kirchliche Zeitgeschichte von Siegfried Hermle und Harry Oelke, Band 67, Göttingen 2017.

[11] DBW 9, 55. Für seine Tübinger Studentenverbindung geschrieben.

Der Beruf der Lehrerin war bis Anfang des 20. Jahrhunderts der einzige, bürgerlichen Frauen offenstehende Beruf mit geisteswissenschaftlichem Anklang, das Lehrerinnenexamen einer der höchstmöglichen Ausbildungsabschlüsse für Frauen.[12]

Die Mutter von Dietrich Bonhoeffer unterrichtete die Kinder zunächst daheim und wird auf diese Weise ihren Sohn Dietrich beeinflusst haben in seiner Sicht auf gelehrte Frauen.[13] Überdies war seine Mutter eine Christin, die mit den Kindern betete und ihnen die Geschichten der Bibel weitererzählte.[14] Es wird schnell deutlich, dass Dietrich Bonhoeffer das Glück hatte, in einer akademischen Familie Musikunterricht zu erhalten und Bücher jeder Art lesen zu dürfen, wo es in anderen Familien nicht möglich war. Diese Tatsache hat seinen weiteren Weg nachhaltig beeinflusst. Renate Wind schätzt es so ein: „Als Dietrich Bonhoeffer (...) geboren wird, ist die Welt noch in Ordnung."[15]

Für die theologische Nachzeichnung seines Lebensweges ist sicherlich die Zeit ab seinem Studienbeginn spannend: 1923 begann Dietrich Bonhoeffer in Tübingen mit seinem Theologiestudium. Er hatte mit 17 Jahren sein Abitur bestanden und wohnte nun bei seiner Großmutter. Die Familie spielte auch weiterhin eine Rolle in seinem Leben, wenn er mit seinem Bruder 1924 z.B. nach Rom reiste. In diesem Zusammenhang fällt in seinen Briefen auf, dass ihn die katholische Kirche in Italien nachhaltig beeindruckt hat. Durch seine Kindheit und Jugend in Berlin kannte er bisher vor allem protestantische Kirchen und Riten. In Rom allerdings sind es die Osterfeierlichkeiten, die ihn zum Denken bringen. Sein Begriff „Kirche" erfährt hier eine Wendung. Die ersten Schritte auf dem Weg zur Schrift Sanctorum Communio von 1930 sind gelegt. Bis zu seiner Dissertation und seinem zuvor abgelegten

---

12 Vgl. Gisa Bauer, Agnes von Zahn-Harnack und Elisabet von Harnack: liberale Protestantinnen im Widerstand, in: Manfred Gailus / Clemens Vollnhals (Hg.), Mit Herz und Verstand – Protestantische Frauen im Widerstand gegen die NS-Rassenpolitik. Berichte und Studien Nr. 65, Göttingen 2013, 21-48, 26.

13 „Das große Ziel der Bewegung war seit Ende des 19. Jahrhunderts die Zulassung von Frauen zu Abitur und Studium gewesen. Diese Aufgabe war bewältigt, und mit der in der Weimarer Verfassung verankerten staatsbürgerlichen Gleichberechtigung von Frau und Mann war die Frauenemanzipationsbewegung, zumindest formal-juristisch, an ihr Ziel gelangt." Gisa Bauer, Agnes von Zahn-Harnack, 29.

14 Die Biographien erzählen, dass die Mutter von Dietrich Bonhoeffer zweitweise acht Kinder unterrichtete, da sie auch Freunde ihrer Kinder mit in den Unterricht aufnahm. Als ihr das zu viel wurde, hat sie den Unterricht an eine andere Lehrerin übertragen ohne aber auf den Religionsunterricht zu verzichten. Vgl. auch Jutta Koslowski (Hg.), Aus dem Leben der Familie Bonhoeffer. Die Aufzeichnungen von Dietrich Bonhoeffers jüngster Schwester Susanne Dreß, Gütersloh 2018, 16; 399ff.

15 Renate Wind, Dem Rad in die Speichen fallen, Weinheim u.a. 1990, 9.

theologischen Examen war er von Tübingen nach Berlin an die dortige Universität gewechselt und nahm alle Annehmlichkeiten, die diese Stadt ihm bot, auf neue Weise wahr.

„Im Lebensweg und Lebenszeugnis Dietrich Bonhoeffers wird beides deutlich: die konsequente Absage an eine Welt, die anstelle von Gottes Gebot für eigene Werte und Ordnungen absolute, totale Geltung beanspruchte (was exemplarisch zu Tage trat in der Herrschaft des Nationalsozialismus in Deutschland) und die brennende Liebe zur Welt als der guten Schöpfung des guten Gottes, die Liebe zum Leben, das dieser Gott seiner Schöpfung eingehaucht hat, die Liebe zu den Geschöpfen Gottes, vor allem zu den Menschen, über alle von den Menschen aufgerichteten Grenzen der Rasse, der Nation, der Religion oder Konfession, des Standes und der gesellschaftlichen Klasse hinweg."[16]

Folgt man dieser Aussage Biewalds, führt das Nachdenken über die Ereignisse am Jahr 1933 nicht vorbei. Die Machtergreifung durch Hitler hat weitereichende Konsequenzen – nicht nur für Dietrich Bonhoeffer. Aber er selbst ordnet sich direkt der Opposition zu und schrieb zu einer auffällig frühen Zeit einen Radiobeitrag, der sich kritisch mit Adolf Hitler auseinandersetzte. „Lässt er (der Führer) sich von dem Geführten dazu hinreißen, dessen Idol darstellen zu wollen, dann gleitet das Bild des Führers über in das des Verführers, dann handelt er unsachlich am Geführten wie an sich selbst. (...) Er dient der Ordnung des Staates, der Gemeinschaft. (...) So weist der Führer auf das Amt, Führer und Amt aber auf die letzte Autorität selbst, vor der Reich und Staat vorletzte Autoritäten sind. Führer und Amt, die sich selbst verspotten, spotten Gottes."[17]

Insgesamt hat er sich recht intensiv mit der Kirche in den ersten Monaten des Jahres 1933 und deren Haltung zu den jüdischen Mitmenschen auseinandergesetzt. (s.u.) Er hielt z.B. eine große Rede, wobei diese die Zuhörer verärgerte, die daraufhin den Saal verließen. Nach diesen Ereignissen reiste Bonhoeffer allerdings aus Deutschland erneut für einige Zeit ab und arbeitete in London. Seine vielfältigen ökumenischen Kontakte nutzten ihm hier und er baute diese weiter aus.

---

16 Roland Biewald, Dietrich Bonhoeffer lesen und verstehen, Leipzig 2005, 73.

17 DBW 12, Dietrich Bonhoeffer am 30. Januar 1933 in einem Radiobeitrag. Dieser wurde mitten im Vortrag abgeschaltet, 257-260.

„Und obwohl ich mit vollen Kräften in der kirchlichen Opposition mitarbeite, ist es mir doch nicht ganz klar, dass diese Opposition nur ein ganz vorläufiges Durchgangsstadium zu einer ganz anderen Opposition ist, und dass die Männer dieses ersten Vorgeplänkels zum geringsten Teil die Männer jenes zweiten Kampfes sind. Und ich glaube, die ganze Christenheit muss mit uns darum beten, dass das „Widerstehen bis aufs Blut" kommt, und dass Menschen gefunden werden, die es erleiden."[18]

An dieser Stelle hat die neuere Forschung weiteres erhellendes Material zu Verfügung gestellt. Denn es wird gefragt: „Aber hatten nicht gerade diese Frauen, so ist abschließend zu fragen, durch ihre klare Stimme und ihre mutigen Handlungen gezeigt, was ‚wahres Christentum' und ‚wahre Kirche' während der NS-Zeit eigentlich hätte sein sollen, während die männergeführte Normalkirche mit ihrer regimekonformen Anpassung und durchgängigen ‚Politik des Schweigens' in der ‚Judenfrage' auf ein moralisches Desaster zurückblicken musste?"[19]

Verknüpft mit Bonhoeffers Reflexion seiner Situation, mit Bonhoeffers Nachdenken darüber, was die Bibel uns noch sagen kann, fällt folgender Satz ins Auge: „Da wurde es mir klar, daß das Leben eines Dieners Jesu Christi der Kirche gehören muß (...)."[20] Dieser Satz wirkt wie ein Schlüsselmoment, den er mit seinen Worten in diesem Brief plötzlich anbietet. Wie kommt Bonhoeffer zu dieser Aussage über sein Leben? Was hatte sich ereignet, das ihn derart tief bewegt hat? Und ganz sicher liegt hier die Verbindung verborgen, um den Widerstand an sich nachzuvollziehen.

Dietrich Bonhoeffer scheint sich konkret auf sein eigenes Leben in der Kirche zu besinnen. Viele Biographien nehmen diesen Hinweis zum Anlass um darauf einzugehen, an welchen Orten Dietrich Bonhoeffer sein Referendariat, also seinen Vorbereitungsdienst für das Pfarramt, verbracht hat.[21] So mag gerade seine Ausbildung bei unterschiedlichen deutschen Pfarrern im Ausland vielfältige Fragen aufgeworfen haben, die er mit biblischen Texten und Beispielen zu beantworten versuchte. Er verbrachte ein Jahr in Barcelona und regte an, auf neue Art bzw. nach der Art, wie ihm seine Mutter damals die biblischen Geschichten näher

---

18 Brief an Erwin Sutz, 28. April 1934, DBW 13, 128.
19 Manfred Gailus / Clemens Vollnhals (Hg.), Mit Herz und Verstand, 20.
20 DBW 14, Lebenswende: Brief im Jahr 1936, 113.
21 Es gibt z.B. Stimmen, die die Auseinandersetzung mit ‚Kirche' als das Ziel von Bonhoeffers Überlegungen verstehen. Vgl. www.dietrich-bonhoeffer.net, Manuskript für die Unterrichtsplanung , 121

brachte, auch im Kindergottesdienst zu verkünden. Er erzählte den Kindern aus der Bibel, so dass diese die Geschichten kennenlernten und ebenfalls weiter erzählen konnten. (s.u.) Die Gottesdienste waren gut besucht und die Menschen genossen die Art, mit der der Vikar Dietrich Bonhoeffer seine Gemeinde leitete.

Er selbst dachte über seinen Zugang zur Bibel erneut nach, indem er seine Gefühle erforschte: „Ich stürzte mich in die Arbeit ins ehr unchristlicher und undemütiger Weise. Ein wahnsinniger Ehrgeiz, den manche an mir gemerkt haben, machte mir das Leben schwer und entzog mir die Liebe und das Vertrauen meiner Mitmenschen. Damals war ich furchtbar allein und mir selbst überlassen. Das war sehr schlimm. Dann kam etwas anderes, etwas, was mein Leben bis heute verändert hat und herumgeworfen hat. Ich kam zum ersten Mal zur Bibel. Das ist auch wieder sehr schlimm zu sagen. Ich hatte schon oft gepredigt, ich hatte schon viel von der Kirche gesehen, darüber geredet und geschrieben – und ich war noch kein Christ geworden, sondern ganz will und ungebändigt mein eigener Herr. Ich weiß, ich habe damals aus der Sache Jesus Christi einen Vorteil für mich selbst für eine wahnsinnige Eitelkeit gemacht. Ich bitte Gott, dass das nie wieder so kommt. Ich hatte auch nie, oder doch sehr wenig gebetet. Ich war bei aller Verlassenheit ganz froh an mir selbst. Daraus hat mich die Bibel befreit und insbesondere die Bergpredigt. Seitdem ist alles anders geworden. Das habe ich deutlich gespürt und sogar andere Menschen um mich herum. Das war eine große Befreiung. Da wurde es mir klar, dass das Leben eines Dieners Jesu Christi der Kirche gehören muss und Schritt für Schritt wurde es deutlicher, wie weit das so sein muss. Dann kam die Not von 1933. Das hat mich darin bestärkt. Ich fand nun auch Menschen, die dieses Ziel mit mir ins Auge fassten. Es lag mir nun alles an der Erneuerung der Kirche und des Pfarrstandes... Der christliche Pazifismus, den ich noch kurz vorher leidenschaftlich bekämpft hatte, ging mir auf einmal als Selbstverständlichkeit auf. Und so ging es weiter, Schritt für Schritt. Ich sah und dachte gar nichts anderes mehr.“ [22]

Vielleicht war es ein Ringen mit seinen eigenen und den Ansprüchen seiner Gemeinde, vielleicht sind es auch familiäre Erwartungen und Zuweisungen gewesen, die er im Ausland stärker spürte als daheim in Berlin.[23] „Man bekommt einen Einblick in die mannigfachsten

---

[22] DBW 14, Brief an Elisabeth Zinn, 27. Januar 1936, 112f.

[23] Inwiefern im Hintergrund der Ich-Du-Personalismus der 1920er Jahre steht, kann an anderer Stelle geklärt werden. Vgl. Material, 124. Für mich scheint es vor allem eine Frage der Nachfolge zu sein. „Bonhoeffers Buch über die ‚Nachfolge' drängt eigentlich darauf hin, Kirche als Funktion der Nachfolge Christi in der Welt, als ‚wanderndes

Arten zu leben und bekommt mit den merkwürdigsten Leuten zu tun, mit denen man sonst so leicht wohl nicht ein Wort gewechselt hätte: Weltenbummler, Vagabunden, geflüchtete Verbrecher, viel Fremdenlegionäre, Löwen- und sonstige Tierbändiger, die dem Circus Krone aus seiner Spanienreise durchgebrannt sind, deutsche Tänzerinnen auf hiesigen Varietebühnen, deutsche verfolgte Fememörder, die einem nun alle ihr Lebensschicksal bis ins Detail berichten."[24]

Deutlich wird hier, dass Bonhoeffer unentwegt seinen Weg im kirchlichen Alltag suchte. Und genau an diesem Punkt liegt die Chance für unsere heutige Generation, die selbst auf der Suche ist und ähnliche Fragen stellt, einzuhaken, stehen zu bleiben, nachzufragen. Hier ist ein Gespräch mit den Texten, vielleicht mit Bonhoeffer selbst, möglich. Der Text korrespondiert mit den Lesenden und enthüllt richtiggehend eine Botschaft durch die Interaktion von Text und Lesenden.

Gottesvolk' zu beschreiben; doch die Situation, in der er lebt, drängt Bonhoeffer umgekehrt dazu, die Nachfolge als eine Funktion der Kirche und der Kirchlichkeit und damit die Kirche als ‚Koloniegemeinde' darzustellen." Wolfgang Huber, Wahrheit und Existenzform, 104.

[24] DBW 10, Aus einem Brief an seinen Bruder Karl Friedrich, 7. Juli 1928, 70f.

B: Spirituelles Nachdenken

Aus vielerlei Gründen fällt mir immer wieder folgender Text in die Hände, den ich seit Jahren kenne und für einen elementaren Wegweiser aus dem Nachlass Bonhoeffers halte.

„Wer bin ich?“

Wer bin ich? Sie sagen mir oft,
ich träte aus meiner Zelle
gelassen und heiter und fest,
wie ein Gutsherr aus seinem Schloß.
Wer bin ich? Sie sagen mir oft,
ich spräche mit meinen Bewachern
frei und freundlich und klar,
als hätte ich zu gebieten.

Wer bin ich? Sie sagen mir auch,
ich trüge die Tage des Unglücks
gleichmütig lächelnd und stolz,
wie einer, der Siegen gewohnt ist.

Bin ich das wirklich, was andere von mir sagen?
Oder bin ich nur das, was ich selbst von mir weiß?
Unruhig, sehnsüchtig, krank, wie ein Vogel im Käfig,
ringend nach Lebensatem, als würgte mir einer die Kehle,
hungernd nach Farben, nach Blumen, nach Vogelstimmen,
dürstend nach guten Worten, nach menschlicher Nähe,
zitternd vor Zorn über Willkür und kleinlichste Kränkung,
umgetrieben vom Warten auf große Dinge,
ohnmächtig bangend um Freunde in endloser Ferne,

müde und leer zum Beten, zum Denken, zum Schaffen,
matt und bereit, von allem Abschied zu nehmen?

Wer bin ich? Der oder jener?
Bin ich denn heute dieser und morgen ein anderer?
Bin ich beides zugleich? Vor Menschen ein Heuchler
Und vor mir selbst ein verächtlich wehleidiger Schwächling?
Oder gleicht, was in mir noch ist, dem geschlagenen Heer,
das in Unordnung weicht vor schon gewonnenem Sieg?

Wer bin ich? Einsames Fragen treibt mit mir Spott.
Wer ich auch bin, Du kennst mich, Dein bin ich, o Gott.[25]

Dieser Text kann in der eigenständigen Arbeit einer biographischen Vertiefung dienen. Für den Fall einer Übersättigung, oder wenn das Gefühl vorherrschen sollte, die einzelnen biographischen Aspekte bereits durchdacht zu haben, mögen diese Worte von Dietrich Bonhoeffer als Anleitung für das eigene Gebet, zu Hause oder in der Gemeinde dienen; oder man behandelt diesen Text als Gedicht, wenn einem die Prosa nicht mehr schmeckt. Warum nicht lyrisch an den Theologen und Widerstandskämpfer herantreten?

Gerade das Eintauchen in Bonhoeffers Gedicht ‚Wer bin ich?' regt an, über die eigene „kirchliche" Biographie nachzudenken. Außerdem lässt sie erkennen, welche Art von Reflexion zu einem tiefergehenden Verständnis führen kann. Dietrich Bonhoeffer selbst hielt damals inne und betrachtete sein Leben.

Gleichsam bietet sich auch das Konzept von Henning Luther an. Er hat in den 1990er Jahren über die Fragmentarität des eigenen Lebens geschrieben und dafür geworben, seine Identität nicht durch Hybris zu verfälschen. Alle Menschen sind unperfekt und gehören trotz allem zu Gottes guter Schöpfung.[26]

---

25 DBW 8, 513f.

26 Siehe Henning Luther, Leben als Fragment; der Mythos von der Ganzheit, in: Wege zum Menschen: Zeitschrift für Seelsorge und Beratung, heilendes und soziales Handeln, 43 (1991) 262-273.

Die Wendepunkte in Bonhoeffers Leben verweisen uns über den Menschen hinaus und fordern zu einem Nachdenken über ein ehrliches Leben heraus, in dem man einen Zugang zu seinem Erleben und Fühlen eröffnet.

Wenn Dietrich Bonhoeffer schreibt, dass „Christus als Gemeinde existierend“[27] zu verstehen sei, legt er eine Grundannahme dar, die sein Kirchenverständnis ausmacht.
Seinen Grundsatz wendet er z.B. dort an, wo er als Pastor für die Ausbildung der angehenden Pfarrer zuständig war. „Kirche ist ‚Christus als Gemeinde existierend'. Mag die empirische Aussage noch so fragwürdig sein, Kirche bleibt als solche Kirche, solange Christus in seinem Wort gegenwärtig ist. Damit aber ist die Gottgewolltheit der Geschichtlichkeit der Kirche in dem Sinne, dass sie sich vervollkommne, anerkannt. (...) Kirche ist ‚Christus als Gemeinde existierend'; Christi Gegenwart besteht im Wort von er Rechtfertigung. Da aber dort, wo Christus ist, seine Gemeinde ist, so ist im Wort von der Rechtfertigung die Gemeinde mitgesetzte, d.h. es fordert eine Versammlung der Gläubigen. (...)
Das Wort ist Predigtwort der Gemeinde. Also nicht die Bibel? Doch, auch die Bibel, aber nur in der Gemeinde. Bibel ist nur in der Gemeinde Wort, d.h. in der sanctorum communio (Gemeinschaft der Heiligen). Konkret ist Wort in der Gemeinde vorhanden als Schrift- und Predigtwort, wesentlich als letzteres.“[28]

Hier wird deutlich, dass nicht nur Karl Barth und Ernst Troeltsch seine Lehrer waren, sondern dass er sich ebenfalls auf Martin Luther und Georg Wilhelm Friedrich Hegel besann. (Vgl. auch Confessio Augustana 7[29]) Martin Luther war als theologischer Lehrer für Bonhoeffer unverzichtbar und soll an dieser Stelle nur kurz genannt werden. Doch kann es für ein eigenständiges Erforschen von Bonhoeffers Wurzeln äußerst gewinnbringend sein, sich diesem Lehrer intensiver zu widmen.

---

27 DBW 1, 87.

28 DBW 1, 142, 144, 159.

29 Confessio Augustana, Artikel 7: Von der Kirche
„Es wird auch gelehrt, dass allezeit eine heilige, christliche Kirche sein und bleiben muss, die die Versammlung aller Gläubigen ist, bei denen das Evangelium rein gepredigt und die heiligen Sakramente laut dem Evangelium gereicht werden. Denn das genügt zur wahren Einheit der christlichen Kirche, dass das Evangelium einträchtig im reinen Verständnis gepredigt und die Sakramente dem göttlichen Wort gemäß gereicht werden. Und es ist nicht zur wahren Einheit der christlichen Kirche nötig, dass überall die gleichen, von den Menschen eingesetzten Zeremonien eingehalten werden, wie Paulus sagt: "Ein Leib und ein Geist, wie ihr berufen seid zu einer Hoffnung eurer Berufung; ein Herr, ein Glaube, eine Taufe" (Eph 4,4-5). www.ekiba.de.

Für die Frage nach Bonhoeffers Kirchenverständnis scheint außerdem wichtig zu sein, dass Martin Luther seine Ausführungen zu den nota ecclesiae, also den Zeichen für die Kirche, entfaltet eund Bonhoeffer diese entdeckte, um ein tieferes Verständnis für Zusammenhänge und Strukturen zu entwickeln. „Heute ist Reformationsfest, ein Tag, der einen gerade in unseren Zeiten wieder sehr nachdenklich machen kann. Man fragt sich, warum aus Luther's Tat Folgen entstehen mußten, die genau das Gegenteil von dem waren, was er wollte, und die ihm selbst seine letzten Lebensjahre verdüstert haben und ihm manchmal sogar sein Lebenswerk fraglich werden ließen. Er wollte eine echte Einheit der Kirche und des Abendlandes, d.h. der christlichen Völker, und die Folge war der Zerfall der Kirche und Europas; er wollte die ‚Freiheit eines Christenmenschen' und die Folge war Gleichgültigkeit und Verwilderung; er wollte die Aufrichtung einer echten weltlichen Gesellschaftsordnung ohne klerikale Bevormundung, und das Ergebnis war der Aufruhr schon im Bauernkrieg (...).“[30]

Ungleich schwieriger muten Bonhoeffers Aussagen über den christologischen Aspekt des Leidens an: „Das Leiden muß getragen werden, damit es vorübergeht. Entweder die Welt muß es tragen und daran zugrunde gehen, oder es fällt auf Christus und wird in ihm überwunden. So leidet Christus stellvertretend für die Welt. Allein sein Leiden ist erlösendes Leiden. Aber auch die Gemeinde weiß nun, daß das Leiden der Welt einen Träger sucht. So fällt in der Nachfolge Christi das Leiden auf sie, und sie trägt es, indem sie selbst von Christus getragen ist. Stellvertretend steht die Gemeinde Jesu Christi für die Welt vor Gott, indem sie nachfolgt unter dem Kreuz.“[31] Doch wird gerade diese Thematik zugleich eine Herausforderung und eine Zuwendung in der Zeit des Nationalsozialismus gewesen sein, wo Gemeindemitglieder und Pastoren zur Anteilnahme herausgefordert waren.

Verknüpft man Bonheoffers Erlebnisse in Barcelona mit seinem Nachdenken über das, was Kirche für die Menschen bedeuten kann, mutet es fast hellsichtig an, wenn er schreibt, dass die Menschen der Kirche mit dem gleichen Gefühl gegenüberstehen wie einem Verein oder einer Partei.[32] „Der Mensch hat gelernt, in allen wichtigen Fragen mit sich selbst fertig zu werden ohne Zuhilfenahme der ‚Arbeitshypothese: Gott'. In wissenschaftlichen, künstlerischen, auch ethischen Fragen ist das eine Selbstverständlichkeit geworden, an der

---

30 DBW 8, Widerstand und Ergebung, 55, vom 31.10. 1943. (Es könnte z.B. auch das Leiden umfassen).

31 DBW 4, Nachfolge, 77-85; 84.

32 Vgl. den Hinweis auf dietrich-bonhoeffer.net.

man kaum mehr zur rütteln wagt; seit etwa 100 Jahren gilt das aber in zunehmendem Maße auch für die religiösen Fragen; es zeigt sich, dass alles auch ohne „Gott“ geht, und zwar ebenso gut wie vorher. Ebenso wie auf wissenschaftlichem Gebiet wird im allgemein menschlichen Bereich „Gott“ immer weiter aus dem menschlichen Leben zurückgedrängt, er verliert an Boden.“[33]

Bonhoeffer scheint also bereits in Barcelona wahrzunehmen, inwiefern sich „echte Kirche“ bzw. „echte Gemeinde“ von einer gleichgeschalteten Institution für das Bildungsbürgertum unterscheiden sollte.
Hier hinein fällt auch seine Arbeit in seiner Zeit in Berlin, in der er in eher schwierigen Gegenden für die Konfirmandenarbeit zuständig war. „Das hier ist so ungefähr die tollste Gegend von Berlin mit den schwierigsten sozialen und politischen Verhältnissen. Anfangs benahmen sich die Jungen wie verrückt, sodaß ich zum ersten Mal wirkliche Disziplinschwierigkeiten hatte. Aber auch hier half eines, nämlich daß ich den Jungen ganz einfach biblischen Stoff erzählte in aller Massivität. (...) Die häuslichen Verhältnisse sind meist unbeschreiblich, Armut, Unordnung, Unmoral. Und doch sind die Jugendlichen noch offen, ich bin oft sprachlos, wie es möglich ist, daß ein Junge unter derartigen Verhältnissen nicht völlig verkommt; und man fragt sich dabei natürlich immer selbst, wie man auf eine solche Umgebung reagieren würde. Es muss eine große – doch wohl auch moralische – Widerstandskraft in diesen Leuten sein.“[34]

---

[33] DBW 8, Brief an Eberhard Bethge vom 8. Juni 1944, 476f.
[34] DBW 11, Brief an Erwin Sutz, 25. Dezember 1931, 50f.

C Historische Zwischenbemerkung

Spätestens seit 1930 wird die evangelische, aber auch die katholische, Kirche erschüttert, da innerhalb der evangelischen Kirche antisemitische Strömungen beobachtet wurden, die ihre Wurzeln bereits im 19. Jahrhundert hatte. (Siehe hierzu auch www.evangelischer-Widerstand.de)

Die Deutschen Christen, mitgegründet von Joachim Hossenfelder, sammelten die Gruppe von Christen und Christinnen, die sich mit nationalen und antisemitischen Gedankengut innerhalb der evangelischen Kirche genauso wiederfanden, wie sonst in der Gesellschaft auch. Daher ist es wenig überraschend, dass Hossenfelder mit seiner Gruppe ‚Deutsche Christen' ein Gefühl bediente, welches seit Jahrzehnten geschürt worden war und im Zuge der Machtergreifung der NSdAP ausufern konnte. „Wir stehen auf dem Boden des positiven Christentums. Wir bekennen uns zu einem bejahenden artgemäßen Christus-Glauben, wie er deutschem Luthergeist und heldischer Frömmigkeit entspricht." Und: „Wir sehen in Rasse, Volkstum und Nation uns von Gott geschenkte und anvertraute Lebensordnungen, für deren Erhaltung zu sorgen uns Gottes Gesetz ist. Daher ist der Rassevermischung entgegenzutreten."[35]

Die Deutschen Christen kann man tatsächlich als ganz besonders große Herausforderung für die evangelische Kirche in Deutschland begreifen. Denn ein nationales Gefühl deckt sich nicht mit Hass und Tötungsabsichten, wie sie seit 1933 offen ans Licht traten. Und daher ist es als besondere Leistung zu betrachten, wollte man sich ab 1933 gegen diese Mächte innerhalb des Regimes stellen. Jeder und jede war persönlich herausgefordert. „Die theologische Einsicht, daß die Kirche zum Handeln verpflichtet ist, gewährleistet keineswegs, daß wirksames Handeln erfolgt. Wirksames Handeln wird dabei um so eher ausbleiben, je weiter der artikulierte oder nichtartikulierte ‚Konsensus der Erwartungen' an die Kirche überschritten werden müßte."[36]

---

[35] § 4 und 7 der Richtlinien der nationalsozialistisch ausgerichtetem Glaubensbewegung „Deutsche Christen" vom Mai 1932. Vgl. hierzu: Herausgefordert. Dokumente zur Geschichte der Evangelischen Kirche in der Zeit des Nationalsozialismus, Siegfried Hermle / Jörg Thierfelder (Hg.), Stuttgart 2008.

[36] Wolfgang Huber, Wahrheit und Existenzform, 106.

Insofern ist folgender Text von Dietrich Bonhoeffer einzuordnen: „Wem offene Augen geschenkt sind für das Wunder jeder Geburt, der scheut sich, anderes Leben anzutasten und bittet Gott, ihm zu vergeben, wo er gesündigt im Hochmut und im Fall.

Aber muß man nicht im Krieg das Leben zerstören? Eben darum weiß die Kirche nichts von einer Heiligkeit des Krieges. Hier wird mit entmenschten Mitteln der Kampf ums Dasein geführt. Die Kirche, die das Vaterunser betet, ruft Gott nur um den Frieden an.

Ist das nicht vaterlandslos?

Gott hat gemacht, dass von einem Blut aller Menschen Geschlechter auf dem ganzen Erdboden wohnen (Apg 17,26). Darum ist ein völkisches Trotzen auf Fleisch und Blut Sünde wieder den Geist. Der blinde Eifer, der nur sich selbst behauptet, wird im Staat gebändigt; ihn hat Gott in sein Amt eingesetzt, dass wir als Christen ihm dienen.

Wie soll sich der Christ politisch verhalten?

Bliebe er auch am liebsten dem politischen Kampf fern, so drängt ihn doch das Gebot der Liebe, sich auch hier für seinen Nächsten einzusetzen. Ob ihn der Befehl des Staates gegen das Gewissen führen darf, muß sein Glaube und seine Liebe wissen. In jeder Entscheidung erfährt er den unversöhnlichen Zwiespalt zwischen dem Frieden Christi und dem Hass der Welt."[37]

---

[37] DBW 11, Katechismusentwurf 1931/32, 232.

D Bekennende Kirche und Deutsche Christen

Die Landeskirche der altpreußischen Union zeigte bereits seit dem Jahr 1918 antisemitische Strömungen, die hier nicht zu vernachlässigen sind. Will man Bonhoeffers Kritik an der Kirche aus den Zeitumständen heraus verstehen und die Gründe für seine Vision von Kirche teilen, die nicht nur aus seinen Erfahrungen in Deutschland resultieren, sondern seinen kirchlichen Auslandserfahrungen zu schulden sind, eröffnet sich der weite Horizont von Bonhoeffers Gedankengängen.

Wie oben bereits bemerkt war Hitlers Machtergreifung auch für die evangelische Kirche in Deutschland zu spüren. Insgesamt entstand ab dem Jahr 1933 eine parallele Kirchenstruktur, die zu innerkirchlichen Auseinandersetzungen führte. 1934 erreichte die Arbeit der Bekennenden Kirche (BK) ihren Höhepunkt, wo zuvor der Pfarrernotbund gewirkt hatte. Aus der Verpflichtungserklärung des Pfarrernotbundes vom Oktober 1933 in der Fassung nach Martin Niemöller entstammt diese Formulierung: „Ich verpflichte mich, mein Amt als Diener des Wortes auszurichten allein in der Bindung an die Hl. Schrift und an die Bekenntnisse der Reformation. In solcher Verpflichtung bezeuge ich, dass eine Verletzung des Bekenntnisstandes mit der Anwendung des Arierparagraphen im Raum der Kirche Christi geschaffen ist."
Diese wichtigen Schritte zeigen, dass Martin Niemöller sehr früh eine Ahnung vom Ausmaß der Schreckensherrschaft hatte.

„Angesichts des Arierparagraphen stellt sich also die Frage nach dem Verhältnis zwischen der ganzen, unteilbaren Wahrheit und der Existenzform der Kirche in besonderer Zuspitzung. Der Zusammenhang zwischen beiden wird gerade zerstört, wenn die Existenzform der Kirche statt dem gnädigen Gebot Gottes einem fremden Gesetz unterstellt wird. Nur wenige haben dies so früh und so radikal erkannt wie Bonhoeffer. Deshalb stellt ihn der Kirchenkampf gleichzeitig mitten in die Kirche und an deren Grenze."[38]

---

[38] Wolfgang Huber, Wahrheit und Existenzform, 110.

Zwei große Bekenntnissynoden hatten 1934 stattgefunden: Im Mai in Barmen, auf der die Barmer Theologische Erklärung verabschiedet und die BK gegründet wurde. Im Herbst dann in Dahlem, auf der die BK die Trennung von der Reichskirche auch organisatorisch vollzog.

Agnes von Zahn-Harnack ist eine derjenigen, die sich theologisch nicht identifizierte „ mit den in der Bekennenden Kirche vertretenen Anschauungen – wobei sie Differenzen zugunsten der ‚Einheitsfront' hintanstellte, da sie die größere Gefahr eindeutig durch den Nationalsozialismus gegeben sah. Sie erhoffte sich hier Widerstand gegen das NS-Regime."[39]

Für alle – auch für Bonhoeffer – war also eine neue Lage entstanden. Trotz allem begann er am 1. Januar 1935 seine Tätigkeit als Direktor des neugegründeten Predigerseminars (Berlin – Brandenburg).
In der Frage, was Kirche für Dietrich Bonhoeffer konkret ausmacht, eröffnet sich der Widerspruch zwischen Realität und theologischem Anspruch. Was macht die Kirche in solch schwierigen Zeiten aus?
Erst im Jahr 1944 schrieb Bonhoeffer hierzu: „Die Kirche ist nur Kirche, wenn sie für andere da ist." Es geht ihm um das „Wort", welches von den Reformatoren stark hervorgehoben wurde. Und nun braucht es zusätzlich die Tat. „Es muß auch endlich mit der theologisch begründeten Zurückhaltung gegenüber dem Tun des Staates gebrochen werden – es ist ja doch alles nur Angst. ‚Tu den Mund auf für die Stummen' (Sprüche 31,8) – wer weiß denn das heute noch in der Kirche, dass dies die mindeste Forderung der Bibel in solcher Zeit ist?"[40]
Diese Ereignisse in Verbindung mit dem sogenannten Arierparagraphen führten zu tiefgreifenden Veränderungen. „Beamte, die nicht arischer Abstammung sind, sind in den Ruhestand zu versetzen; soweit es sich um Ehrenbeamte handelt, sind sie aus dem Amtsverhältnis zu entlassen." So lautete §1 des „Gesetzes zur Wiederherstellung des Berufsbeamtentums" vom 7. April 1933.

Wollte man sich also innerhalb der Kirche an Verbündete wenden, scheiterte man u.U. an dieser neuen Gesetzgebung. Andernfalls sah man sich in Auseinandersetzungen mit den

---

39 Gisa Bauer, Agnes von –Zahn-Harnack, 40.
40 DBW 13, Brief an Erwin Sutz, 11. September 1934, 204.

Deutschen Christen verwickelt. Lediglich einzelne Pfarrer auf den Dörfern konnten diesen Repressalien schneller entgehen als in der Hauptstadt.[41]

E Christologie und Ekklesiologie:

Insgesamt fällt auf, dass Dietrich Bonhoeffer immer wieder in seinen Schriften einen Zusammenhang zwischen Ekklesiologie und Christologie hergestellt hat, welchen ich persönlich sehr ansprechend und überzeugend für die eigene religiöse Spurensuche empfinde. Sucht man nun einen Ort für die Verkündigung des Willen Gottes, bietet sich ganz sicher die Kirche als Denkraum bzw. Raum an. Sicherlich kann es sinnvoll sein, einzelne Punkte näher zu erläutern und zur Diskussion zu stellen, da die Berufung Bonhoeffers auf Jesus Christus einen Schlüssel für Bonhoeffers Theologie darstellt.

Historische Verknüpfungen sind vor allem in den Barmer Theologischen Thesen zu erkennen und zu verstehen. Die dritte These lautet z.B.: „Lasset uns aber rechtschaffen sein in der Liebe und wachsen in allen Stücken an dem, der das Haupt ist, Christus, von welchem aus der ganze Leib zusammengefügt ist." (Eph 4,15.16)
Die christliche Kirche ist die Gemeinde von Brüdern, in der Jesus Christis in Wort und Sakrament durch den Heiligen Geist als der Herr gegenwärtig handelt. Sie hat mit ihrem Glauben wie mit ihrem Gehorsam, mit ihrer Botschaft wie mit ihrer Ordnung mitten in der Welt der Sünde als die Kirche der begnadigten Sünder zu bezeugen, daß sie allein sein Eigentum ist, allein von seinem Trost und von seiner Weisung in Erwartung seiner Erscheinung lebt und leben möchte.
Wir verwerfen die falsche Lehre, als dürfe die Kirche die Gestalt ihrer Botschaft und ihrer Ordnung ihrem Belieben oder dem Wechsel der jeweils herrschenden weltanschaulichen und politischen Überzeugungen überlassen.[42]

Diese aussagekräftigen Worte aus dem Jahr 1934 erläutern gut, inwiefern die Bekennende Kirche über die problematischen Angriffe auf die Kirche unterrichtet war. Dadurch, dass

---

[41] Vgl. z.B. Volker Heinrich, Der Kirchenkreis Siegen in der NS-Zeit, in: Beiträge zur Westfälischen Kirchengeschichte 13, Bernd Hey u.a. (Hg.), Bielefeld 1997.
[42] Diese und die fünfte These sind zitiert nach: Eberhard Busch, Die Barmer Thesen, 1934-2004, 50; 68.

diese These den Bezug zur Heiligen Schrift deutlich macht, wird verständlich, dass die Kirche Halt und Orientierung bekommt. Die Kirche erkennt sich „als zutiefst bedroht ernstlich und entscheidend. (...) Die (...) lebensgefährliche Bedrohung der Kirche kommt nicht von außen. Sie kommt allemal von da her, woher die Kirche es in der Regel am wenigsten vermutet – nämlich von sich selbst her."[43]

Wolfgang Huber ordnet das Geschehene folgendermaßen ein. „In Christus begegnet uns das Angebot, an der Gotteswirklichkeit und an der Weltwirklichkeit zugleich teil zu bekommen, eines nicht ohne das andere. Die Wirklichkeit Gottes erschließt sich nicht anders als indem sie mich ganz in die Weltwirklichkeit hineinstellt, die Weltwirklichkeit aber finde ich immer schon getragen, angenommen, versöhnt in der Wirklichkeit Gottes vor. Das ist das Geheimnis der Offenbarung Gottes in dem Menschen Jesus Christus. Die christliche Ethik fragt nun nach dem Wirklichwerden dieser Gottes- und Weltwirklichkeit, die in Christus gegeben ist, in unserer Welt."[44] Hier hat bereits Wolfgang Huber notiert, dass Bonhoeffer Ekklesiologie und Christologie zusammen behandelt, weil sie von „nichts anderem als von der *Gegenwart* Christi in Wort und Sakrament" handeln.[45]

In Verbindung mit der Bekennenden Kirche bündelt sich Bonhoeffers Christologie ganz deutlich, und das halte ich für eine der großen Offenbarungen der Geschichte. Gerade hier zeigt sich die Überzeugung, dass das deutsche Volk in die Irre läuft. „Kirche ist Welt, eine von Menschen gestaltete und deshalb auch immer wieder mißlingende Gemeinschaft; aber sie ist ‚qualifizierte' Welt, jenes Stück Welt nämlich, in dem Gott durch sein Wort gegenwärtig ist."[46] Ganz abgesehen davon, dass die Gläubigen in der Bekennenden Kirche diese Tatsache bereits zu so einer frühen Zeit erkannten, ist es ihnen überdies möglich, ihrer Überzeugung mit durchschlagender Kraft Ausdruck zu geben. So ist in den Barmer Theologischen Thesen nachzulesen, welche Position die Kirche eingenommen hat. Achtet man auf den Wortlaut in den Barmer Theologischen Thesen, fällt vor allem folgender Paragraph auf:

These 5 „Fürchtet Gott, ehret den König." (1. Petr. 2,17)

Die Schrift sagt uns, daß der Staat nach göttlicher Anordnung die Aufgabe hat, in der noch nicht erlösten Welt, in der auch die Kirche steht, nach dem Maß menschlicher Einsicht und menschlichen Vermögens unter Androhung und Ausübung von Gewalt für Recht und Frieden

---

43 Vgl. Eberhard Busch, Die Barmer Thesen, 53.

44 DBW 6, 31f.

45 Vgl. Wolfgang Huber, Wahrheit und Existenzform, 93.

46 Wolfgang Huber, Wahrheit und Existenzform, 100.

zu sorgen. Die Kirche erkennt in Dank und Ehrfurcht gegen Gott die Wohltat dieser seiner Anordnung an. Sie erinnert an Gottes Reich, an Gottes Gebot und Gerechtigkeit und damit an die Verantwortung der Regierenden und Regierten. Sie vertraut und gehorcht der Kraft des Wortes, durch das Gott alle Dinge trägt.
Wir verwerfen die falsche Lehre, als solle und könne der Staat über seinen besonderen Auftrag hinaus die einzige und totale Ordnung menschlichen Lebens werden und also auch die Bestimmung der Kirche erfüllen. Wir verwerfen die falsche Lehre, als solle und könne sich die Kirche über ihren besonderen Auftrag hinaus staatliche Art, staatliche Aufgaben und staatliche Würde aneignen und damit selbst zu einem Organ des Staates werden.[47]

Wie oben bereits genannt stellte die Christologie für Bonheoffer den Schlüssel zu seinem eigenen Leben mit der Kirche dar. Er schreibt: „Der Mensch kann auch heute nicht an der Gestalt Jesu Christi vorbeikommen. Er muss sich mit ihr auseinandersetzen. Dabei kann man auf Sokrates und Goethe weisen. Von der Auseinandersetzung mit diesen beiden hängt vielleicht unsere Bildung ab. Aber von der Auseinandersetzung mit Jesus hängt Leben und Tod, Heil und Verdammnis ab. Das ist – von außen gesehen – nicht einzusehen. Von der Kirche her ist dies der Satz, auf dem alles andere ruht. ‚Es ist in keinem anderen Heil!' Die Begegnung mit Jesus hat eine andere Ursache als die mit Sokrates und Goethe. An der Person Goethes kommt man vorbei, weil er tot ist. Anders steht es mit der Begegnung mit Jesus Christus. Die Versuche, dieser Begegnung standzuhalten und zugleich ihr auszuweichen, sind tausendfach.
Dostojewski zeigt die Christusgestalt des Idioten. Er sondert sich nicht ab, aber er ist ungeschickt, er stößt an, er geht nicht mit den Großen um, sondern mit den Kindern. Die haben ihn gerne. Er wird belächelt und wird geliebt. Er ist der Narr und er ist der Weise. Er ist er, der alles trägt und alles vergibt. Er ist der Revolutionär und doch der sich ganz Einfügende. Er ist der, der, ohne es zu wollen, durch seine reine Existenz aufmerksam macht auf sich selbst, so dass immer wieder die Frage aufbricht: Wer bist Du, ein Idiot oder Jesus Christus selbst?
Oder denken wir an die Christusentstellung von (George) Grosz. Es ist auch hier letztlich die Frage, wer bist Du eigentlich? So geht Jesus Christus durch unsere Zeit, durch die Stände und Berufe, immer neu befragt, wer bist Du? und doch immer wieder neu von dem Menschen, der sich vor diese Frage gestellt weiß, getötet. Es sind alles Versuche, irgendwie mit Christus fertig zu werden. Das tut auch der Theologe. Man verrät überall den Menschensohn mit dem

---

[47] Vgl. Eberhard Busch, Die Barmer Thesen, 68.

Judaskuss. Mit Jesus fertig werden wollen heißt, hier und dort ihn töten, ihn kreuzigen, ihm Schande antun, mit dem Spötter niederfallen und sagen: „Gegrüßet seist Du, Rabbi!“ Nur zwei Möglichkeiten gibt es in der Begegnung des Menschen mit Jesus: Der Mensch muss sterben oder der Mensch tötet Jesus. Die Frage also, wer bist Du? bleibt immer noch zweideutig. Sie kann auch die Frage dessen sein, der dort, wo er sie stellt, sich selbst getroffen weiß und statt der Antwort die Gegenfrage hört, wer bist denn Du? Die „Wer-Frage“ kann an Jesus nur dort gestellt werden, wo man sie an sich gerichtet weiß. Dann aber ist nicht der Mensch mit Jesus, sondern Jesus mit dem Menschen fertig geworden.“[48]

Bonhoeffer nimmt die Christologie in die Pflicht und legt gleichzeitig die Menschwerdung Christi als den Lösungsansatz für sein Kirchenverständnis dar. Mit 1Kor 12 hält er fest, dass der Leib Christi seine Gemeinde ist. Aus seiner ersten größeren Schrift hierzu heißt es: „Die Kirche ist der gegenwärtige Christus selbst.“[49]

Ausgerichtet auf die doppelte Stellvertretung z.B. schreibt er: „Die christliche Gemeinde steht an der Stelle, an der die ganze Welt stehen sollte; insofern dient sie stellvertretend der Welt, ist sie um der Welt willen da. Andererseits kommt die Welt dort zu ihrer eigenen Erfüllung, wo die Gemeinde steht, die Gemeinde ist die ‚neue Schöpfung‘, die ‚neue Kreatur‘, das Ziel der Wege Gottes auf Erden.“[50]

Bonhoeffer kann quasi nicht anders, als von Jesus Christus als dem Mittelpunkt seines Weltverständnisses zu reden. „Wenn man von Gott ‚nicht-religiös‘ sprechen will, dann muss man so von ihm sprechen, dass die Gottlosigkeit der Welt dadurch nicht irgendwie verdeckt, sondern vielmehr gerade aufgedeckt wird und gerade so ein überraschendes Licht auf die Welt fällt. Die mündige Welt ist Gott-loser und darum vielleicht gerade Gott-näher als die unmündige Welt.“[51]

---

48 DBW 12, Aus der Vorlesung zur Christologie 1933, 286-88.
49 DBW 4, S. 231f.
50 DBW 6, S. 409.
51 DBW 8, 537.

Was ist Kirche?

„Daß die babylonische Sprachenverwirrung, durch die die Menschen einander nicht mehr verstehen können, weil jeder seine eigene Sprache spricht, ein Ende haben und überwunden sein soll durch die Sprache Gottes, die jeder Mensch versteht und durch die allein die Menschen sich auch untereinander wieder verstehen können, und daß die Kirche der Ort sein soll, an dem das geschieht, das sind doch alles sehr große und wichtige Gedanken."[52]
Wichtige Gedanken sind es auch, die Bonhoeffer in sein anschließendes Handeln treiben. Gegen jeden besseren Rat verlässt er später sogar die USA und arbeitet für das Predigerseminar in Deutschland.

1933 „Die Kirche vor der Judenfrage"

Zweifellos ist die (...) Kirche nicht dazu angehalten, dem Staat in sein spezifisches politisches Handeln hineinzureden. Sie hat staatliche Gesetze weder zu loben noch zu tadeln, sie hat vielmehr den Staat als Erhaltungsordnung Gottes in der gottlosen Welt zu bejahen, sie hat sein – vom humanitären Standpunkt aus gesehen – gutes oder schlechtes Ordnungsschaffen anzuerkennen und zu verstehen als begründet in dem erhaltenden Ordnungswillen Gottes mitten in der chaotischen Gottlosigkeit der Welt. Aber das bedeutet nicht, dass sie teilnahmslos das politische Handeln an sich vorüberziehen lässt; sondern sie kann und soll, gerade weil sie nicht im einzelnen Fall moralisiert, den Staat immer wieder danach fragen, ob sein Handeln von ihm als legitimes stattliches Handeln verantwortet werden könne, d.h. als Handeln, in dem Recht und Ordnung, nicht Rechtlosigkeit und Unordnung, geschaffen werden.
Sie wird diese Frage heute in Bezug auf die Judenfrage in aller Deutlichkeit stellen müssen. Sie greift damit gerade nicht in die Verantwortlichkeit des staatlichen Handelns ein, sondern schiebt im Gegenteil dem Staat selbst die ganze Schwere der Verantwortung für das ihm eigentümliche Handeln zu.

---

[52] DBW 8, 41, Widerstand und Ergebung, Datum: Pfingsten 1943.

Hierbei sieht sie den Staat nun freilich in einer doppelten Begrenzung. Sowohl ein Zuwenig an Ordnung und Recht als auch ein Zuviel an Ordnung und Recht zwingt die Kirche zum Reden.
Ein Zuwenig ist jedes Mal dort vorhanden, wo eine Gruppe von Menschen rechtlos wird. (Das Zuviel) besagt, dass der Staat seine Gewalt so ausbaut, dass er der christlichen Verkündigung und dem christlichen Glauben sein eigenes Recht raubt.
Das bedeutet eine dreifache Möglichkeit kirchlichen Handelns dem Staat gegenüber: erstens (wie gesagt) die an den Staat gerichtete Frage nach dem legitimen staatlichen Charakter seines Handelns, d.h. die Verantwortlichmachung des Staates. Zweitens der Dienst an den Opfern des Staatshandelns. Die Kirche ist den Opfern jeder Gesellschaftsordnung in unbedingter Weise verpflichtet, auch wenn sie nicht der christlichen Gemeinde zugehören.
Die dritte Möglichkeit besteht darin, nicht nur die Opfer unter dem Rad zu verbinden, sondern dem Rad selbst in die Speichen zu fallen.
In der Judenfrage werden für die Kirche heute die beiden ersten Möglichkeiten verpflichtende Forderungen der Stunde. Die Notwendigkeit des unmittelbar politischen Handelns der Kirche hingegen ist jeweils von einem ‚evangelischen Konzil' zu entscheiden und kann mithin nie vorher kasuistisch konstruiert werden.
Die Kirche kann sich ihr Handeln an ihren Gliedern nicht vom Staat vorschreiben lassen. Der getaufte Jude ist Glied unserer Kirche. Damit stellt sich die Judenfrage für die Kirche anders als für den Staat.
Judentum ist von der Kirche Christi her gesehen niemals ein rassischer, sondern ein religiöser Begriff. Nicht die biologisch fragwürdige Größe der jüdischen Rasse, sondern das ‚Volk Israel' ist gemeint.
Es geht auch keinesfalls um die Frage, ob unsere deutschstämmigen Gemeindeglieder heute die kirchliche Gemeinschaft mit den Juden noch tragen können. Vielmehr ist es Aufgabe christlicher Verkündigung zu sagen: hier, wo Jude und Deutscher zusammen unter dem Wort Gottes stehen, ist Kirche, hier bewährt es sich, ob Kirche noch Kirche ist oder nicht (...).[53]

Bis 1918 war die evangelische Kirche in Deutschland eng verbunden mit staatlichen Stellen. Seit 1922 bestand der Deutsche Evangelische Kirchenbund. Hitler hatte am 28. März 1933 zu einem allgemeinen Boykott aller Juden und jüdischen Geschäfte für den 1. April aufgerufen. Wie der Präsident des Deutschen Evangelischen Kirchenausschusses vom Tag des Judenboykotts festhielt, zeigte sich hier im Handeln der Kirche vorwiegend ein Interesse an

[53] Stark gekürzt aus: Die Kirche vor der Judenfrage, S. 349-358.

Selbsterhaltung. Insgesamt blieb der 1. April ohne kirchlichen Protest und die Einführung des Arierparagraphen konnte ohne Widerstand erfolgen.[54] Mit dem oben genannte Aufsatz allerdings wollte Bonhoeffer die erforderliche kirchliche Entscheidung herausfordern.

Will man diese Schritte und die dazugehörigen Beweggründe nachvollziehen, kann die Auseinandersetzung mit exemplarischen Biographien förderlich sein. Der Lebenslauf von Katharina Staritz zum Beispiel fordert die Forscher*innen heraus, sich ein neues Bild von Frauen zwischen 1920 und 1945 zu machen und nähere Informationen einzuholen über die einzelnen typischen Situationen der universitären Bildung zu machen: über das Einschreiben von Frauen an der Universität, an der überwiegend Männer studierten, über das fehlende Examen am Ende des Studiums bis hin zu eingeschränkten Aufgabenfeldern innerhalb der Kirche für studierte Theologinnen und weiteren Systemen und Hürden. Die Zeit des Nationalsozialismus mit den typischen Rollenbildern kommt erschwerend hinzu.
Die Auseinandersetzung innerhalb der evangelischen Kirche zeigt vor allem, welche Hürden vorhanden waren und inwiefern es sich auch heute noch lohnt, die Struktur der evangelischen Kirche zu begreifen. Und trotzdem – oder gerade deshalb, setzte sich Katharina Staritz für die jüdischen Christen in ihrer Gemeinde ein, verfasste einen Rundbrief an die Kirchenleitung und zog auf diese Weise die Aufmerksamkeit des Regimes auf sich.[55] Auch Bonhoeffer hatte sich in seinem Aufsatz so geäußert, dass die Kirche verpflichtet sei, den Opfern staatlichen Handelns zu helfen, auch wenn diese nicht der christlichen Gemeinde angehören.

Eine zeitliche Einbettung allein kann sicherlich nicht unbedingt die Brisanz der Problematik verdeutlichen. Schaut man sich allerdings die Abfolge von Machtergreifung und Widerstand an, zeigt sich, dass die evangelische Kirche nicht nur ‚nicht' reagiert hat, sondern auch für das Regime gesprochen hat. Dadurch wird es evident, die Rolle der Kirche auch auf das Mitläufertum hin zu befragen. Dies kann an anderer Stelle sicherlich ausführlicher geschehen als dies hier möglich ist. Auf der anderen Seite wird durch eine Gegenüberstellung von Bonhoeffers lebendiger Gemeinde auf der Grundlage einer Regime vergifteten Kirchenstruktur einmal mehr deutlich, welche Visionen Bonhoeffer von der Nachfolge Christi

54 Vgl. auch Wolfgang Huber, Wahrheit und Existenzform, 107.
55 Vgl. Gerlind Schwöbel, „Ich aber vertraue". Katharina Staritz, eine Theologin im Widerstand, Frankfurt/M. 1990.

aufrecht erhalten hat, als er davon schrieb, dass „Jesus Christus nicht tot, sondern heute lebendig ist und durch das Zeugnis der Schrift noch zu uns spricht".[56]

Stellt man sich verschiedene Szenarien vor, zeigt sich, dass die Kirche als stille Beobachterin hätte fungieren können. Sie hätte aber auch mitmachen können oder eben sich deutlich distanzieren müssen. Die bisherigen Forschungen zeigen, dass es aus diesen drei Möglichkeiten eine Mischung von allem gab. Viele Menschen haben geschwiegen, einige haben Widerstand geleistet, aber zu viele sind mitgelaufen und waren begeisterte Anhänger des neuen Regimes.
Die Kirchenleitungen zögerten, warteten ab – und schwiegen. Die evangelische Kirche formulierte, dass sie sich an der Seite der neuen Regierung sehe. Insgesamt fällt auf, dass für die Juden im In- und Ausland das theologische, echt evangelische Urteil fehle.
Greift man aus diesen vielfältigen Fragen die Grundstrukturen Bonhoeffers Verständnis der lebendigen Gemeinde heraus, um dieses für heutige Gemeinschaften fruchtbar zu machen, verhilft diese Einschätzung: „Willst du den Ruf Jesu in die Nachfolge hören, so brauchst du dazu keine persönliche Offenbarung. Höre die Predigt und empfange das Sakrament! Höre das Evangelium des gekreuzigten und auferstandenen Herrn! Hier ist Er ganz, derselbe, der den Jüngern begegnete. Ja, hier ist er schon als der Verklärte, der Sieger, der Lebendige. Kein anderer als Er selbst kann in die Nachfolge rufen. (...) Es ist aber dort wie hier der verborgene Christus, der ruft. Der Christus aber wird allein im Glauben erkannt. (...) Wir hören das Wort und glauben Christus."[57]
Diese Worte aus der Schrift „Nachfolge"[58], herausgegeben im Jahr 1937, enthalten eine Botschaft, die als Überlebenswort verstanden werden mag. Dort, wo es heute Unsicherheit bzgl. einer klaren Idee zum Hören der Predigt geben mag, kann mit Bonhoeffer geantwortet werden: Höre das Evangelium. Ein klares Bekenntnis zum Wort, wie man es sonst aus reformatorischen Kreisen kennt.
Auf die Frage: „Wer hält stand?" antwortete Bonhoeffer umfassend und beschreibt das Böse.[59] Aber es sollte vielleicht gefragt werden, was überhaupt standhalten hieß? Die Bedingungen einer modernen totalitären Diktatur bleiben eine Ausnahmesituation. „Dietrich Bonhoeffer schon hatte mit dieser Frage seine Probleme, wie seine Schrift ‚Nach zehn Jahren'

56 Vgl. DBW 4, Nachfolge, 215.
57 DBW 4, Nachfolge, 215f.
58 DBW 4.
59 Vgl. Michael Kißener, Wegmarken der deutschen Widerstandsforschung nach 1945, zwischen Verklärung und Verurteilung. Phasen der Rezeption des evangelischen Widerstandes nach 1945, 33.

zeigt. Den Historikerinnen und Historikern, die sich nach 1945 nunmehr fast 70 Jahre lang bemüht haben, dieses historische Phänomen des ‚Widerstands' zu fassen, ist das kaum anders ergangen."[60]

Aus oppositionellen Gedanken heraus hatte Dietrich Bonhoeffer bereits am 9. September 1933 an Karl Barth geschrieben: „Lieber Herr Professor! In einer Ihrer Schriften haben Sie gesagt, dass dort, wo eine Kirche den Arierparagraphen einführen würde, sie aufhört, christliche Kirche zu sein. In dieser Meinung ist sich ein großer Teil hiesiger Pfarrer mit Ihnen einig. Nun ist das zu Erwartende eingetreten, und ich bitte Sie im Namen vieler Freunde, Pfarrer und Studenten darum, uns wissen zu lassen, ob Sie es für eine Möglichkeit halten, in einer Kirche, die aufgehört hat, christliche Kirche zu sein, zu bleiben, beziehungsweise ein Pfarramt, das zu einem Privileg für Arier geworden ist, weiter zu verwalten. (...) Ihr Ihnen stets ergebener Dietrich Bonhoeffer."[61]

Verbindet man die Aspekte der Ekklesiologie also mit der Christologie und den neuen politischen Fragestellungen, sollte beachtet werden, dass ein Hauptaugenmerk in der folgenden Schrift ganz sicherlich die Überlegung darstellt, dass es keine billige Gnade gebe. Bonhoeffer kritisiert, dass gerade in der Umgebung der großen Kirchen, eben den Volkskirchen, der christliche Glauben ohne Konsequenzen für die Gläubigen bleibt. Eine wahrlich kritische Aussage.

„Billige Gnade ist der Todfeind unserer Kirche. Unser Kampf heute geht um die teure Gnade.

---

60 Michael Kißener, Wegmarken der deutschen Widerstandsforschung, 34.

61 DBW 12, 124. Karl Barth hat am 11.September 1933 auf diesen Brief geantwortet: „Lieber Herr Kollege! Auf Ihren freundlichen Brief möchte ich Ihnen wenigstens gleich einen Gruß schicken. (...) Natürlich ist mit dem Beschluss der Generalsynode jene von mir erwogene Möglichkeit wenigstens z.T. Wirklichkeit geworden. Bis zum Ausschluss der Nicht-Arier von der Kirchenmitgliedschaft scheint man ja nicht oder noch nicht gehen zu wollen. Aber auch die Verfügung hinsichtlich der Beamten und Pfarrer ist untragbar, und auch ich bin der Meinung, dass der status confessionis gegeben sei. Das wird aber in der Tat zunächst dies bedeuten, dass man es der Kirchenregierung bzw. der durch sie vertretenen angeblichen oder wirklichen Mehrheit der Kirchenmitglieder in direkter Eingabe, aber auch öffentlich sagt: „Ihr seid in diesem Stück nicht mehr Kirche Christi!" Und es ist , dass dieser Protest nicht nur einmaliger sein kann, sondern weiter und weitergehen muss, bis das Ärgernis beseitigt ist – oder bis die Kirche mit einem Ausschluss oder mit einer Mundtotmachung der Protestierenden antwortet. (...) Im übrigen bin ich in der Tat für Abwarten. Das Schisma muss, wenn es kommt, von der anderen Seite kommen. (...) Lassen Sie herzlichst grüßen von Ihrem Karl Barth. DBW 12, 125f.

Billige Gnade heißt Gnade als Schleuderware, verschleuderte Vergebung, verschleuderter Trost, verschleudertes Sakrament; Gnade als unerschöpfliche Vorratskammer der Kirche, aus der mit leichtfertigen Händen bedenkenlos und grenzenlos ausgeschüttet wird; Gnade ohne Preis, ohne Kosten. (...)
Billige Gnade heißt Gnade als Lehre, als Prinzip, als System; heißt Sündenvergebung als allgemeine Wahrheit, heißt Liebe Gottes als christliche Gottesidee. Wer sie bejaht, der hat schon Vergebung seiner Sünden. Die Kirche dieser Gnadenlehre ist durch sie schon der Gnade teilhaftig. In dieser Kirche findet die Welt billige Bedeckung ihrer Sünden, die sie nicht bereut und von denen frei zu werden sie erst recht nicht wünscht. Billige Gnade heißt Rechtfertigung der Sünde und nicht des Sünders. (...)
Teure Gnade ist der verborgene Schatz im Acker, um dessentwillen der Mensch hingeht und mit Freuden alles verkauft, was er hatte; die köstliche Perle, für deren Preis der Kaufmann alle seine Güter hingibt (Mt 13,44-46); die Königsherrschaft Christi, um derentwillen sich der Mensch das Auge ausreißt, das ihn ärgert (Mt 5,29), der Ruf Jesu Christi, auf den hin der Jünger seine Netze verlässt und nachfolgt (Mk 1,16-20u.a.). Teure Gnade ist das Evangelium, das immer wieder gesucht, die Gabe, um die gebeten, die Tür, an die angeklopft werden muss. Teuer ist sie, weil sie in die Nachfolge Jesu Christi ruft; teuer ist sie, weil sie die Sünde verdammt, Gnade, weil sie den Sünder rechtfertigt. Teuer ist die Gnade vor allem darum, weil sie Gott teuer gewesen ist, weil sie Gott das Leben seines Sohnes gekostet hat – „ihr seid teuer erkauf" -, und weil sie vor allem darum, was Gott teuer ist. Gnade ist sie vor allem darum, weil Gott sein Sohn nicht zu teuer war für unser Leben, sondern ihn für uns hingab. (...)
Teuer ist die Gnade, weil sie den Menschen unter das Joch der Nachfolge Jesu Christi zwingt, Gnade ist es, dass Jesus sagt: „Mein Joch ist sanft und meine Last ist leicht." (Mt 11,30)[62]

Um die entscheidenden Aussagen deutlich zu machen, gilt zu beachten: Die Menschen sollten gerade in den Zeiten, in denen die Nationalsozialisten herrschten, nicht kapitulieren. Die Welt sollte nicht ohne Jesus Christus bleiben, so wie es auch heute immer noch zu fordern ist. Es handelt sich – heute wie damals – um eine Wahrheit, die es auszusprechen gilt. Eine Gottlosigkeit muss nicht mehr ausgehalten werden, sondern kann von den Menschen angeklagt werden. Wobei auch Karl Barth aufgezeigt hat, dass Religion nicht ohne Gott auskommt. Damals ging Barth gegen den Ersten Weltkrieg vor, heutzutage sollten die Menschen so klar im Denken sein, dass Sie diejenigen anklagen, die sich z.B. nicht für ihre Mitmenschen auf dem Mittelmeer, die dort um ihr Leben kämpfen, interessieren. Und schaut

[62] DBW 4, Nachfolge, 29-31.

man auf die Kriegszustände im Jemen, auf den Hunger dort, dann können die gläubigen Christen in den Industrieländern nicht weiter die Augen vor dem großen Unrecht verschließen.
Schließlich geht es um genau diese Erkenntnis, die uns Bonhoeffer mit seinen Worten auf den Weg geben wollte. Es gehe nicht um Distanz zu dieser Welt[63], sondern um das Mitleiden an dieser Welt.[64] Neben diesem christologischen „Programm" des Mitleidens liegt hier auch ein Anreiz für den Widerstand verborgen. Bonhoeffer nutzte seine Erkenntnis, um den Nationalsozialisten zu widerstehen. Hätte er den Zweiten Weltkrieg überlegt, hätten anschließend noch viele Herausforderungen und Anfragen, bei denen der Widerstand aller Menschen nötig gewesen wäre, auf ihn gewartet.

---

63 Karl Barth, Der Römerbrief, 1976 (neu bearbeitet), Zürich 1984, 211ff.
64 Aus: Veit-Jakobus Dieterich, Dietrich Bonhoeffer, Ein Materialheft für die Oberstufe, Stuttgart 2006.

A Seelsorge

Dietrich Bonhoeffer ordnete sich wiederholt in die kirchlichen Strukturen ein. Ein Aspekt seines theologischen Amtes bestand aus Seelsorge. Dietrich Bonhoeffer verstand sein Amt als Pfarrer und als Seelsorger für alle Gemeindemitglieder. Es gibt keinen Unterschied zwischen den Suchenden. Dies stellt er klar, wenn er mit Gal 3,27 darlegte: „Wer getauft wird, der zieht den Christus an (Gal3,27), was wiederum auszulegen ist als seine Eingliederung in den Leib, in den Einen Menschen, in dem nicht Grieche noch Jude, nicht Freier noch Knecht ist, d.h. eben in die Gemeinde. Es wird keiner ein neuer Mensch, es sei denn in der Gemeinde, durch den Leib Christi. Wer allein ein neuer Mensch werden will, bleibt beim alten. Ein neuer Mensch werden heißt in die Gemeinde kommen, Glied am Leibe Christi werden. Nicht der gerechtfertigte und geheiligte Einzelne ist der neue Mensch, sondern die Gemeinde, der Leib Christi, Christus."[65]

Worum geht es in der Seelsorge?

Seelsorge ist ein Bereich, in dem Frauen und Männer auch als Laien arbeiten können. Frauen hatten viele Jahrhunderte keinen Zugang zu offiziellen Ämtern in der Kirche. Aber eben auch in der ehrenamtlichen Funktion liegt ein großer Mehrwert dieses Amtes.

Auf dem Gebiet der Seelsorge können Frauen und Männer eigenverantwortlich handeln. Natürlich ist dies auch ein Gebiet der pfarramtlichen Tätigkeit, in dem z.B. Dietrich Bonheoffer sein Ohr direkt bei den Nöten Sorgen der Menschen hatte. Aber diese Bereiche ergänzen sich im kirchlichen Alltag oftmals mehr ,als dass sie sich im Wege stehen.

Mit Martin Luther möchte ich auf Mt 18,20 verweisen. „Wo zwei oder drei versammelt sind in meinem Namen, da bin ich mitten unter ihnen." Nimmt man den Aspekt des Tröstens hinzu, wird deutlich, inwiefern die Gemeinde als Leib Christi einander bedurfte: Jeder Christ, jede Christin braucht den Zuspruch anderer Menschen. Alle können trösten, bedürfen aber ebenso des Trostes. Aus diesem Grund hat Paulus dazu aufgefordert, sich untereinander um einander zu kümmern. Die Menschen sind also alle für die Seelsorge zuständig – wenn sie die Nachfolge in den Ruf Jesu Christi ernst nehmen.

Damit spricht Zimmerling von einer Brückenfunktion der Laienseelsorge.[66] Zwischen Kirche und Welt wird ein Gespräch möglich. Vertrauensvolle Gespräche zwischen den Menschen

---

[65] DBW 4, Nachfolge, 233.

[66] Peter Zimmerling, Eine Theologie der Seelsorge. Die Rechtfertigung als hermeneutisches Prinzip der Poimenik, Beat Tanner (Hg.), Zürich 2015.

sind also durch alle Christ/innen möglich, ohne dass therapeutische oder professionelle Hilfe gesucht werden müsste.
Die Forschung der letzten Jahre hat nun darauf aufmerksam gemacht, dass gerade Frauen an Frauen Seelsorge geübt haben. Aber dies hieß auch gleichzeitig, dass Frauen durch ihre Tätigkeit – zum Beispiel in der Schwangerenversorgung – aufgewertet wurden. An dieser Stelle sind entscheidende Momente der Frauenordination verortet, zu der sich Dietrich Bonhoeffer als Pastor nicht explizit äußerte. Er war mit Mädchen zur Schule gegangen und kannte Studentinnen, die Theologie studierten. Im Zusammenhang mit Gal 3,27 mag er diesen Neuerungen sicherlich offen gegenüber gestanden haben. Auf der anderen Seite äußerte er sich im Zusammenhang der biblischen Ehegelübde, wenn er über Frauen spricht. Daher kann geschlussfolgert werden, dass Dietrich Bonhoeffer von dem quasi patriarchal gearteten Lebenslauf der Frauen geprägt war, wenn er über ihren Stand in der Gesellschaft und in der Gemeinde nachdenkt.[67]

Es soll aber auch auf Bonhoeffers Engagement auf sein Angebot der Seelsorge für andere Häftlinge verwiesen werden wie auch auf vergleichbare Ereignisse in anderen Gefängnissen. Neben Katharina Staritz, die auch im Frauenkonzentrationslager Ravensbrück Gottesdienste feierte, ist aus Dachau bekannt, dass es einen sogenannten „Pfarrerblock“ gab. Dieser hatte „eine eigene, vergleichsweise gut ausgestattete Kapelle, in der nicht nur katholische Gottesdienste stattfanden, sogar eine konspirative Priesterweihe, sondern die auch von Geistlichen anderer Konfessionen und sogar für ökumenische Wortandachten mitbenutzt werden konnte. Auch in Sachsenhausen war eine Lagerkapelle eingerichtet worden.“[68]

---

67 DBW 4, Nachfolge, 128f.
68 Tim Lorentzen, Kirche und Konzentrationslager, 214.

B Schuld

Äußerst gewinnbringend bleibt die Tatsache, dass Dietrich Bonheoffer schon 1941 ein Schuldbekenntnis der Kirche entworfen hat, um für die Zeit nach dem Regimes der Nationalsozialisten gerüstet zu sein. Wenn die Kirche stellvertretend für die Welt die Schuld bekennt, wird sich Vergebung einstellen. „Die Kirche war stumm, wo sie hätte schreien müssen, weil das Blut der Unschuldigen zum Himmel schrie. Sie hat mit angesehen, dass unter dem Deckmantel des Namens Christi Gewalt und Unrecht geschah. (...) Die Kirche bekennt, die willkürliche Anwendung brutaler Gewalt, das leibliche und seelische Leiden unzähliger Unschuldiger, Unterdrückung, Hass und Mord gesehen zu haben, ohne Wege gefunden zu haben, ihnen zu Hilfe zu eilen. Sie ist schuldig geworden am Leben der schwächsten und wehrlosesten Brüder Jesu Christi. (...) Die Kirche bekennt, Beraubung und Ausbeutung der Armen, Bereicherung und Korruption der Starken stumm mit angesehen zu haben. Die Kirche bekennt, schuldig geworden zu sein an den Unzähligen, deren Leben durch Verleumdung, Denunziation, Ehrabschneidung vernichtet worden ist. Sie hat den Verleumder nicht seines Unrechts überführt und hat so den Verleumdeten seinem Geschick überlassen.“[69]

Ausgehend von den Erlebnissen mit der Bekennenden Kirche, die sich gegen die Deutschen Christen durchsetzen mussten (s.o.), kann Bonhoeffer auf der Grundlage seines christologischen Verständnisses verdeutlichen, dass die Kirche nicht aus einem Selbstzweck heraus für die Erhaltung der Gemeinde kämpfen darf. Es gehe vielmehr darum, in der Nachfolge Jesu Christi zu leben. (s.o.)

Nimmt man diese Erkenntnis aus seinem ausführlichen Werk ‚Nachfolge' zusammen mit einer gängigen Kritik an der nur wenig widerständigen Kirche zur Zeit des Nationalsozialismus in den Blick, wird verständlich, warum die Formel „Kirche für andere“ als Schlüssel für die 1930er und 40er Jahre verstanden wird.[70] Es geht um die Orientierung an Jesus Christus. „Von der Kirche redet man nicht zureichend, wenn man nur darüber Auskunft gibt, *was* die Kirche ist; man muß vielmehr auch darüber sprechen, *wo* sie sich befindet. Wer nach dem *Ort* der Kirche fragt, fragt damit nach ihren sozialen Erscheinungsformen, nach ihrer *Sozialgestalt*. Wer über die Kirche spricht, redet explizit oder implizit von der Frage, in

---

69 DBW 6, 127ff.

70 DBW 8, 560.

welchem Verhältnis die geglaubte und die erfahrene Kirche zueinander stehen. Er fragt, ob und wie die Kirche, die wir erfahren, zum Erfahrungsraum des Glaubens werden kann. Deutlich genug hat sich gezeigt: Es ist eine Verkürzung dessen, was die Kirche ist, wenn man nur nach ihrem *Wesen* und nach ihrem *Auftrag* fragt; man muß vielmehr zugleich nach ihrem Ort und nach ihrer *Sozialgestalt* fragen."[71] In der Nähe des lebendigen Jesus Christus zu bleiben, war ein Antrieb, der Bonhoeffer auf den Weg gebracht hat. Teure Gnade ist also „der verborgene Schatz im Acker, um dessentwillen der Mensch hingeht und mit Freuden alles verkauft, was er hatte".[72]
Für das Leben von Dietrich Bonhoeffer hat diese Einsicht den Weggang von New York zurück nach Berlin bedeutet. Er ist dem Ruf von Jesus Christus gefolgt. Weil er sich von Ihm gerufen fühlte. Neben der Familie, der er sich inniglich verbunden fühlte, waren es auch die Vikare, die er in Deutschland betreut hatte. Zu diesen kehrt er ebenfalls zurück, wenn er sich von seinen Freunden in den Vereinigten Staaten verabschiedet. Es wird – neben der Zeit im aktiven Widerstand – auch eine Zeit anbrechen, die man mit gemeinsamen Leben umschreiben könnte. Die lebendige Gemeinschaft erlebt Bonhoeffer mit seinen Vikaren, die er ausbildet und in den Ruf von Jesus Christus mit hinein nimmt.

„Dreierlei ist in diesen Worten an den Jüngling zu beachten: Erstens (...) Das ist die Summe aller Gebote, der Jüngling soll in der Gemeinschaft mit Jesus Christus leben, Christus ist das Ziel aller Gebote. (...) Das zweite ist dies: (...) Das Ziel ist die Nachfolge, der Weg in diesem Falle die freiwillige Armut. Und das dritte: (...) Der Jüngling fragte nach seinem Weg zum ewigen Leben, Jesus antwortet: Ich rufe dich, das ist alles. Der Jüngling suchte eine Antwort auf seine Frage. Die Antwort heißt: Jesus Christus."[73]

Im Zuge der Stuttgarter Schulerklärung wurde von der kirchlichen Seite aus formuliert: Mit grossem Schmerz sagen wir: Durch uns ist unendliches Leid über viele Völker und Länder gebracht worden. Was wir unseren Gemeinden oft bezeugt haben, das sprechen wir jetzt im Namen der ganzen Kirche aus: Wohl haben wir lange Jahre hindurch im Namen Jesu Christi gegen den Geist gekämpft, der im nationalsozialistischen Gewaltregiment seinen furchtbaren Ausdruck gefunden hat; aber wir klagen uns an, dass wir nicht mutiger bekannt, nicht treuer gebetet, nicht fröhlicher geglaubt und nicht brennender geliebt haben.

---

[71] Wolfgang Huber, Wahrheit und Existenzform, 87.
[72] Vgl. DBW 4, 30.
[73] DBW 4, 62ff.

Nun soll in unseren Kirchen ein neuer Anfang gemacht werden. Gegründet auf die Heilige Schrift, mit ganzem Ernst ausgerichtet auf den alleinigen Herrn der Kirche gehen sie daran, sich von glaubensfremden Einflüssen zu reinigen und sich selber zu ordnen. Wir hoffen zu dem Gott der Gnade und Barmherzigkeit, dass er unsere Kirchen als sein Werkzeug brauchen und ihnen Vollmacht geben wird, sein Wort zu verkündigen und seinem Willen Gehorsam zu schaffen bei uns selbst und bei unserem ganzen Volk.

Dass wir uns bei diesem neuen Anfang mit den anderen Kirchen der ökumenischen Gemeinschaft herzlich verbunden wissen dürfen, erfüllt uns mit tiefer Freude.

Wir hoffen zu Gott, dass durch den gemeinsamen Dienst der Kirchen, dem Geist der Gewalt und der Vergeltung, der heute von neuem mächtig werden will, in aller Welt gesteuert werde und der Geist des Friedens und der Liebe zur Herrschaft komme, in dem allein die gequälte Menschheit Genesung finden kann.

So bitten wir in einer Stunde, in der die ganze Welt einen neuen Anfang braucht: Veni creator spiritus![74]

Stuttgart, den 18./19. Okt. 1945

---

[74] Vgl. auch: Im Zeichen der Schuld. 40 Jahre Stuttgarter Schuldbekenntnis. Eine Dokumentation, Martin Greschat (Hg.), Neukirchen-Vluyn 1985.

C Ausblick

„Von Gott nicht mehr loskommen können, das ist die beklemmende Beunruhigung jedes christlichen Lebens. Wer sich einmal auf ihn einließ, wer sich einmal von ihm überreden ließ, der kommt nicht mehr los."[75]

Von guten Mächten treu und still umgeben,
behütet und getröstet wunderbar,
so will ich diese Tage mit euch leben und
mit euch gehen in eine neues Jahr.

Noch will das alte unsere Herzen quälen,
noch drückt uns böser Tage schwere Last,
ach Herr, gib unsern aufgeschreckten Seelen
das Heil, für das Du uns geschaffen hast.

Und reichst Du uns den schweren Kelch, den bittern,
des Leids, gefüllt bis an den höchsten Rand,
so nehmen wir ihn dankbar ohne Zittern
aus Deiner guten und geliebten Hand.

Doch willst Du uns noch einmal Freude schenken
An dieser Welt und ihrer Sonne Glanz,
dann woll'n wir des Vergangenenen gedenken,
und dann gehört Dir unser Leben ganz.

Lass warm und still die Kerzen heute flammen,
die Du in unsre Dunkelheit gebracht,
führ, wenn es sein kann, wieder uns zusammen!

---

[75] DBW 13, Londoner Predigt über Jeremia 20,7, 347.

Wir wissen es, Dein Licht scheint in der Nacht.

Wenn sich die Stille nun tief um uns breitet,
so lass uns hören jenen vollen Klang
der Welt, die unsichtbar sich um uns weitet,
all Deiner Kinder hohen Lobgesang.

Von guten Mächten wunderbar geborgen,
erwarten wir getrost, was kommen mag.
Gott ist bei uns am Abend und am Morgen
Und ganz gewiss an jedem neuen Tag.[76]

---

[76] DBW 8, Diese Gedicht legte Bonhoeffer einem Brief an seine Verlobte zu Weihnachten 1944 bei, 607f.

D Fazit:

Wie bereits erwähnt hat die Forschung sich in den letzten Jahren tiefgehend mit einer Erinnerungsgeschichte an den Widerstandskämpfer und Theologen verschrieben. (siehe hierzu auch unten) Auf der anderen Seite gibt es zahlreiche Bücher, die eine kleine Auswahl an spirituellen Texten und Worten für das ganze Jahr bzw. für jeden einzelnen Tag bereit halten. Verknüpft man diese Aspekte miteinander, ergibt sich für mich eine eindrucksvolle spirituelle Fülle, die sich gerade durch die historische Kontextualisierung eine faszinierende Quelle an Weisheit und Weitblick, die sich so nicht wiederholen kann, wie das Gedicht auf einer der vorherigen Seiten zeigte.

Die folgenden Worte von Dietrich Bonhoeffer sind m.E. eindrucksvoller, wenn man die „ganze Geschichte“ kennt: „Ich habe in den letzten Jahren mehr und mehr die tiefe Diesseitigkeit des Christentums kennen und verstehen gelernt.“[77] Als Dietrich Bonhoeffer seine Worte an seinen Freund Eberhard Bethge aus dem Gefängnis in Berlin Tegel im Jahr 1944 einen Tag nach dem gescheiterten Attentat gegen Adolf Hitler schrieb, konnte er die Zukunft lediglich erahnen. Seine tiefe Zuversicht in die christliche Botschaft bleibt gerade aus diesem Wissen heraus ergreifend und eindrucksvoll. Insofern bleiben auch folgende Worte im Gedächtnis: „Dass also Gott sich als das Gute erweist, auf die Gefahr hin, dass dabei ich und die Welt als nicht gut, sondern als durch und durch böse zu stehen kommen, wird mir dort zum Ursprung des ethischen Bemühens, wo Gott als die letzte Wirklichkeit geglaubt wird.“[78]

---

77 DBW 8, 54.
78 DBW 6, Ethik, 31f.

E Erinnerungsgeschichte

Greift man zum Schluss erneut die Forschungsergebnisse der letzten Jahren auf, dann ist festzustellen, dass Dietrich Bonhoeffer in unserer Zeit weniger als politischer Kämpfer denn als spiritueller Theologe wahrgenommen wird. Diese Entwicklung hat seine eigene Geschichte, die Gegenstand der Forschung bleibt.[79] Auffällig ist sicherlich, dass in den 1980er Jahren anders mit dem Erbe der Bekennenden Kirche umgegangen wurde und sich auf diese Weise zeigt, dass einzelne Lesende einen ganz unterschiedlichen Aspekte in einer Schrift betonen – je nachdem, welche Schwerpunkte relevant sein können.

Seit 1945 gibt es eine Geschichte des öffentlichen Gedenkens an Dietrich Bonhoeffers Widerstand. Diese wäre rasch erzählt, wollte man sich lediglich auf erhaltenen Deutungen und Briefe von Bonhoeffers Freund Eberhard Bethge beziehen. Folgt man aber den Ausführungen Tim Lorentzens, ist erkennbar, dass die „christliche Sympathie zu Dietrich Bonhoeffer und seinem Sterben langfristig auch zu einer wachsenden Akzeptanz der Gedenkstätte und der dort gewürdigten Toten“ führte.[80]
Spannender noch als dieser Aspekt scheint mir in der Verbindung mit den oben genannten Beobachtungen die Tatsache zu sein, dass Fragen zu Verhaftungen der Christen und Christinnen quasi unbeantwortet bleiben. Inwiefern fielen Christinnen und Christen durch Handlungen auf, die sie – angestiftet durch ihr Gewissen – verübten? „Hatte widerständiges Handeln aus christlicher Motivation zur Verhaftung geführt, oder waren völlig andere Gründe dominant? Welche Rolle spielte das Christsein der Laien, der Pfarrer, der Bischöfe beim Akt der Festnahme, bei der ärztlichen und erkennungsdienstlichen Behandlung, bei Interventionen des Arbeitsgebers, bei den Haftbedingungen, bei der Bewältigung der bestialischen Überlebenskonkurrenz untereinander, bei der Art der Ermordung oder bei der Schonung?“[81]

---

79 Vgl. hierzu Tim Lorentzen, Kirche und Konzentrationslager, in: Mitteilungen zu kirchlichen Zeitgeschichte 6 (2012), 197-220; Ders. Phasen und Funktionen des Bonhoeffer-Gedenkens in Deutschland, in: Arbeiten zur Kirchlichen Zeitgeschichte Bd. 67, 155-182. Außerdem allgemein: Aleida Assmann, Der lange Schatten der Vergangenheit, Erinnerungskultur und Geschichtspolitik, Bonn 2007.
80 Vgl. Tim Lorentzen, Kirche und Konzentrationslager, 212.
81 Tim Lorentzen, Kirche und Konzentrationslager, 213. Lorentzen fragt weiter: „Gab es – wie im Fall Bonhoeffer – heimliche Privilegien durch einzelne Wachleute, die sich durch die christliche Menschenfreundlichkeit des Gefangenen, durch den Wunsch nach einem Gebet oder einer Bibelauslegung oder durch die geistliche Autorität des Häftlings angezogen und ihm gegenüber verpflichtet fühlten?“ Ebd.

Auf diese Weise wird deutlich erkennbar, dass die Funktionalität der Erinnerungen in einer lebhaften Wechselwirkung mit der je eigenen Gegenwart steht. Im Vordergrund dieser Fragestellung steht das Interesse herauszufinden, warum und mit welchen Identifikationsinteressen sich bestimmte Gemeinschaften in bestimmten Jahren unter bestimmten Bedingungen eben so und nichts anders an Bonhoeffer erinnerten.[82]

Im Jahr 1945 wurde vor allem in Genf und New York auf die Todesnachricht Bonhoeffers reagiert. Hier wurde er als Märtyrer gewürdigt. Bell arrangieret dann am 27.7.45 einen Gedenkgottesdient in Berlin, um Bonhoeffer als Märtyrer im neuen Deutschland einzusetzen. Die Massenmedien trugen dann nach Deutschland hinein – und nicht umgekehrt – die Autorität dieses Märtyrers.[83]

Nach einer ersten Phase, die sich direkt mit der neuen BRD mit den Märtyrern des Zweiten Weltkriegs auseinandersetzte, folgten weitere Phasen. Die zweite Phase dauerte von 1946 bis 1961 und widmet sich dem „Märtyrerbegriff".[84] Das Augenmerk lag in dieser Phase auf der Diskussion um eine Beteiligung von Christen an Widerstandshandlungen. Wurde eine „Beteiligung von Christen an der politischen Verschwörung nachdrücklich verteidigt (...), so geschah dies nicht zuletzt unter Verweis auf Dietrich Bonhoeffer, dessen grundsätzliche Autorität als Märtyrer überhaupt nicht infrage stand."[85]
Die dritte Phase wird für die Jahre 1962-1989 verortet. Diese trägt den Titel ‚Politisierung'. Zwischen Bau und Fall der Mauer wurde nun der 20. Juli als Mythos einer neuen Demokratie aufgebaut. Hier kommt das Gedenken an Bonhoeffer in diesen Kreis der politischen Widerständler hinein. Neu erbaute Kirche(n) erinnern an den politischen Widerstand, und so wurde eine katholische Kirche im 1963 an einem Ort errichtet, an dem 3000 Menschen aus politischen Gründen hingerichtet wurden.[86] Auch an der Gedenkstätte Flossenbürg verbanden sich Gedenkfeiern ab 1970 an politische Widerständler mit kirchlichen Erinnerungen.

---

[82] Vgl. Tim Lorentzen, Phasen und Funktionen des Bonhoeffer-Gedenkens in Deutschland, in: Arbeiten zur Kirchlichen Zeitgeschichte Bd. 67, 156; Siegfried Hermle / Dagmar Pöpping, Vorwort im Bd. 67 der Arbeiten zur Kirchlichen Zeitgeschichte, 9.
[83] Vgl. Tim Lorentzen, Phasen und Funktionen des Bonhoeffer-Gedenkens in Deutschland, 157f.
[84] Tim Lorentzen, Phasen und Funktionen des Bonhoeffer-Gedenkens in Deutschland, 159.
[85] Tim Lorentzen, Phasen und Funktionen des Bonhoeffer-Gedenkens in Deutschland, 160.
[86] Vgl. hierzu Tim Lorentzen, Phasen und Funktionen des Bonhoeffer-Gedenkens in Deutschland, „Der von Alfred Hrdlicka, einem bekennenden Kommunisten, für den

Sicherlich kann ein kleiner Nebenverweis im Jubiläumsjahrs des Mauerfalls auf die umfassende Bedeutung Bonhoeffers verwiesen werden. Bereits 1945/46 wurden in der SBZ bzw. DDR Gedenkfeiern ausgerichtet, die den kirchlichen Widerstand öffentlich würdigten.[87] Das mag als Hinweis gedeutet werden, dass die christliche Widerstandsbewegung eben doch von Bedeutung ist und eine wichtige Kraft in der Erinnerungskultur darstellt.

Dritte Phase 1990-206 ‚Sanktifizierung'

„Mit dem Zusammenbruch des politischen Systems in den Warschauer-Pakt Staaten" zerfiel das militärische Bedrohungspotential.[88] Ebenfalls verfiel die ‚Kirche im Sozialismus'. Bonhoeffers Erbauungserlebnisse standen ab dieser Zeit im Mittelpunkt des öffentlichen Interesses. Seit dieser Zeit wurden weitere Stätten für das Erinnern an Dietrich Bonhoeffer errichtet. So setzte quasi eine Art Pilgerschaft zu diesen Stätten ein. Auf der anderen Seite lässt Bonhoeffers Monopolstellung andere Widerständler*innen in den Schatten treten. Eventuell wurde Bonhoeffer außerdem zu einem Mann des guten Gewissens verkleinert, dessen Ethik zu sperrig geworden war, obwohl Wolfgang Huber sogar von einem evangelischen Heiligen sprach.[89]

All diese Hinweise und Anmerkungen zum Umgang mit dem kirchlichen Widerstandskämpfer deuten letztlich das an, was Bonhoeffer selbst bereits im Mai 1944 formuliert hat. „Unsere Kirche, die in diesen Jahren nur um ihre Selbsterhaltung gekämpft hat, als wäre sie ein Selbstzweck, ist unfähig, Träger des versöhnenden und erlösenden Wortes für die Menschen in der Welt zu sein. Darum müssen die früherem Worte kraftlos werden und verstummen, und unser Christsein wird heute nur in Zweierlei bestehen: im Beten und Tun des Gerechten unter den Menschen."[90]

Kirchenraum des Gemeindezentrums gestaltete Zyklus Plötzenseer Totentanz (kursiv im Original), der die Hinrichtungen von 1944 in eine Typologie des gequälten und erlösten Menschen eingespannt, gehört zu den stärksten Bildprogrammen der jüngeren christlichen Ikonographie;"Ebd.

[87] Michael Kißener, Wegmarken der deutschen Widerstandsforschung, 35.

[88] Tim Lorentzen, Phasen und Funktionen des Bonhoeffer-Gedenkens in Deutschland, 167.

[89] Vgl. Wolfgang Huber, Dietrich Bonhoeffer – ein evangelischer Heiliger, in: In Verantwortung für andere. Breslau 2008, 107-112.

[90] DBW 8, Gedanken zum Tauftag, 435.

Die Ekklesiologie, hier verbunden mit den historischen Verweisen und neuen Erkenntnissen aus der Erinnerungsgeschichte zeigt also, dass Kirche für die Menschen ein Ort sein muss, der Schutz und Zuwendung bietet – und kein Ort des Grauens und des Fürchtens. Die Zeit einer Schreckensherrschaft soll sich nicht wiederholen, so lauten die Bestrebungen der Historiker*innen unserer Zeit. Aber nach so vielen Jahren sollen auch Bonhoeffers Bestrebungen, die Kirche als Gemeinde Christi lebendig vor Augen zu haben – gegen jede Anfeindung zum Trotz, keinesfalls vergessen werden.

Literatur

Quellen und Darstellungen

Assmann, Aleida, Der lange Schatten der Vergangenheit, Erinnerungskultur und Geschichtspolitik, Bonn 2007.

Barth, Karl, Der Römerbrief, 1976 (neu bearbeitet), Zürich 1984.

Bauer, Gisa, Agnes von Zahn-Harnack und Elisabet von Harnack: liberale Protestantinnen im Widerstand, in: Manfred Gailus / Clemens Vollnhals (Hg.), Mit Herz und Verstand – Protestantische Frauen im Widerstand gegen die NS-Rassenpolitik. Berichte und Studien Nr. 65, Göttingen 2013.

Biewald, Roland, Dietrich Bonhoeffer lesen und verstehen, Leipzig 2005.

Bonhoeffer, Dietrich, Werke. Hg. Von Bethge, Eberhard u.a. 17 Bde. U. 4 Erg.-Bde. München u.a. 1986-2013.

Busch, Eberhard, Die Barmer Thesen, 1934-2004, Göttingen 2004.

Dieterich, Veit-Jakobus, Dietrich Bonhoeffer, Ein Materialheft für die Oberstufe, Stuttgart 2006.

Im Zeichen der Schuld. 40 Jahre Stuttgarter Schuldbekenntnis. Eine Dokumentation, Greschat, Martin (Hg.), Neukirchen-Vluyn 1985.

Gailus, Manfred / Vollnhals, Clemens (Hg.), Mit Herz und Verstand – Protestantische Frauen im Widerstand gegen die NS-Rassenpolitik. Berichte und Studien Nr. 65, Göttingen 2013.

Heinrich, Volker, Der Kirchenkreis Siegen in der NS-Zeit, in: Beiträge zur Westfälischen Kirchengeschichte 13, Bernd Hey u.a. (Hg.), Bielefeld 1997.

Herausgefordert. Dokumente zur Geschichte der Evangelischen Kirche in der Zeit des Nationalsozialismus, Siegfried Hermle / Jörg Thierfelder (Hg.), Stuttgart 2008.

Hermle, Siegfried / Pöpping, Dagmar (Hg), Zwischen Verklärung und Verurteilung. Phasen der Rezeption des evangelischen Widerstandes gegen den Nationalsozialismus nach 1945, in: Arbeiten zur Kirchlichen Zeitgeschichte. Hg im Auftrag der Evangelischen Arbeitsgemeinschaft für Kirchliche Zeitgeschichte von Siegfried Hermle und Harry Oelke, Band 67, Göttingen 2017.

Huber, Wolfgang, Dietrich Bonhoeffer – ein evangelischer Heiliger, in: In Verantwortung für andere. Breslau 2008.

Ders., Wahrheit und Existenzform. Anregungen zu einer Theorie der Kirche bei Dietrich Bonhoeffer, in: Ernst Feil und Ilse Tödt, Konsequenzen. Dietrich Bonhoeffers Kirchenverständnis heute, München 1980.

Kißener, Michael, Wegmarken der deutschen Widerstandsforschung nach 1945, zwischen Verklärung und Verurteilung. Phasen der Rezeption des evangelischen Widerstandes nach 1945.

Klein, Andreas / Geist, Matthias (Hg.), „Bonheoffer weiterdenken...", Zur theologischen Relevanz Dietrich Bonheoffers (1906-1945) für die Gegenwart. Theologie, Forschung und Wissenschaft 21, Wien u.a. 2007.

Koslowski, Jutta (Hg.), Aus dem Leben der Familie Bonhoeffer. Die Aufzeichnungen von Dietrich Bonhoeffers jüngster Schwester Susanne Dreß, Gütersloh 2018.

Lorentzen, Tim, Phasen und Funktionen des Bonhoeffer-Gedenkens in Deutschland, in: Arbeiten zur Kirchlichen Zeitgeschichte Bd. 67, 156; Siegfried Hermle / Dagmar Pöpping, Vorwort im Bd. 67 der Arbeiten zur Kirchlichen Zeitgeschichte, 9.

Ders., Kirche und Konzentrationslager, in: Mitteilungen zu kirchlichen Zeitgeschichte 6 (2012), 197-220.

Luther, Henning, Leben als Fragment; der Mythos von der Ganzheit, in: Wege zum Menschen: Zeitschrift für Seelsorge und Beratung, heilendes und soziales Handeln, 43 (1991) 262-273.

Scholder, Klaus, Die Kirchen und das Dritte Reich, Bd. 2, Berlin 1985.

Schwöbel, Gerlind, „Ich aber vertraue". Katharina Staritz, eine Theologin im Widerstand, Frankfurt/M. 1990.

Wind, Renate, Dem Rad in die Speichen fallen, Weinheim u.a. 1990.

Zimmerling, Peter, Eine Theologie der Seelsorge. Die Rechtfertigung als hermeneutisches Prinzip der Poimenik, in: Beat Tanner (Hg.), Zürich 2015.

Printed by Books on Demand GmbH, Norderstedt / Germany